挽歌の宛先　祈りと震災

【目次】

第4部 民の信仰 …… 71

プロローグ

（2015年1月22日掲載）

生きる縁　探す旅へ

こけ生《む》す巨石に見上げるようなケヤキが絡みつく。高さは10メートル近い。神霊が宿るとされる神籬《ひもろぎ》。たけだけしい角をたくわえたかのように生命力がみなぎる。

石巻市雄勝町の石神《いその》社。東日本大震災の津波で被災した葉山神社奥の参道を登って40分、石峰山（352メートル）の頂上近くで出合った。

石神社は南三陸の漁場を守護し、漁師らの信仰を集める。石峰山は明治時代まで、山を胎内にして再生すると考える山岳修験道の霊場だった。

海と山の祈りが交わる地。山伏が触れたかもしれない岩の前で平安を願い、そっと目を閉じた。

震災と東京電力福島第1原発事故から間もなく4年になる。被災者や犠牲者の魂の叫びが置き去りにされてはいまいか。

津波は多くの命と日常を奪い、生き残った人の信心を揺るがした。大切な人を失った悲しみ、苦しみは消えない。

生き方や死との向き合い方を、深い精神性から説くはずの宗教者も苦しむ。人知を超え

た惨禍の前で無力感にとらわれ、かつてない試練に立つ。

死を悼む挽歌《ばんか》。中国の葬送で、ひつぎを載せた車を引く人が歌った。わが国でも万葉集にたくさんの挽歌が収められている。

失ったあの人へ。そして誰かへ。さまざまな宛先の挽歌が被災地にこだまする。

東北の風土に育まれた信仰の意味を探り、死者と共に明日を生きる縁《よすが》となる挽歌を紡ぎたい。

祈りの力を信じて。

安寧求めて

手紙をしたため、「あの人」を思う。僧侶は魂を鎮めようと行脚し、宗教者はついのすみかなき遺骨に手を合わせる。神や仏への畏敬の念。東日本大震災の惨禍に見舞われた岩手、宮城、福島3県の被災地に、さまざまな祈りのかたちが息づく。

▼陸前高田市広田町のカフェ「森の小舎」の「漂流ポスト３・１１」に寄せられた手紙。震災で亡くなった人に伝えたかった思いがつづられている。100通近くが集まった

▲石巻市小竹浜の入り江には海の守り神、弁天島が浮かぶ。震災では津波の衝撃を正面から受け止めた。「島が集落を守ってくれた」と信仰の念を深める住民もいる

▼身元不明犠牲者の遺骨を一時保管する仙台市青葉区の葛岡墓園。仏教、キリスト教、神道、新宗教の有志が宗教や宗派を超え、月１回の慰霊を続ける

▲月命日の毎月１１日、石巻市の津波被災地に僧侶の読経が響く。仏の言葉を説き、非業の死を遂げた魂を慰める。風にかき消されまいと、一層声を張り上げる

◀津波で流された墓標が仮置きされた南相馬市小高区の鎮魂の場。南向きに整然と並べられていた。先祖の霊への畏敬の念は被災しても途切れることはない

第1部　魂はどこに

震災で会えなくなったあの人の魂は、どこにあるのだろう。

突然の別れに直面した遺族らは悲嘆に暮れながら、祈りの意味を見つけようとしている。

身元の分からない犠牲者には思いをすくう代弁者が寄り添う。

魂の居場所を求める人々の「こころの絵図」を見つめる。


（2015年1月23日～31日掲載）

（1）亡き家族　感じながら／きっと近くで見守ってくれている

8畳一間のアパートの一角に小さな仏壇が置いてある。石巻市のパート榊美紗子さん（25）は出勤前、手を合わせ、必ず声を掛ける。

「お父さん、お母さん、おばあちゃん。今日も何とかやってくるよ」

アパートで1人暮らし。東日本大震災が起きる前は、市内の門脇小近くの一軒家で家族3人と生活していた。

自宅で家族全員が津波にさらわれ、母のひとみさん＝当時（51）＝と祖母の美代子さん＝（79）＝が亡くなった。父の健之《たけし》さん＝（53）＝は行方不明のまま。美紗子さんは流れてきたがれきに引っ掛かり、無事だった。

亡き家族と今、共に生きている―。仏壇に呼び掛けながら、いつもこんな思いを抱く。

「どう生きたらいいのか分からない」。震災直後は途方に暮れ、家族の魂の行方には、しばらく思いが巡らなかった。

いつからか「家族に見守っていてほしい」と願うようになった。「どこか遠くに行って

◀津波に流された自宅の跡地でたたずむ榊さん。亡き家族の存在を感じながら災後を生きる＝石巻市

しまったわけじゃない」。一緒にいる感覚が宿った。

震災前まで住んでいた自宅は津波で跡形もない。月に何度か、イチゴ農家での仕事を終えた後に立ち寄る。「ここは決して悲しい場所ではない。家族のことを思える落ち着く場所」。美紗子さんの表情はどこまでも穏やかだ。

母がファンだった郷ひろみがテレビで歌っている。「ほら、母さんの好きな曲だよ」と遺影に教えてあげる。曲は自分の趣味とは違う。でも母が喜んでいると思い、終わるまで一緒に聴く。

震災後、家族が夢によく現れる。最も鮮明に覚えているのは昨夏の夢だ。母が食事の支度をする中、父と祖母が居間でくつろいでいた。美紗子さんが「親戚の兄ちゃんが結婚するってよ」と現実の出来事を報告すると、父は「何っ」と驚いたように身を乗り出した。

その夢は、震災がなかった想像の世界と、現実世界がとけ合う時間を体験しているようだった。

ふと震災のことを思い出す時、独りがとてもつらくなる。「家族の存在を感じているからこそやっていけ

る」

亡き家族と共に重ねる日々。美紗子さんが前へと進む原動力だ。

（2）防護服で向かう古里／捜し続けることでしか娘とつながれない

この海の、この土地の、どこかに眠っている。

白い防護服をまとい、海辺をさまよい歩く。

「ゆうな、どこだ」。娘を呼ぶ。答えはない。生きた証しを捜し求め、もうすぐ4年になる。

福島第1原発事故で時が止まった福島県大熊町。原発から3キロ、海沿いの熊川地区に6人で暮らしていた木村紀夫さん（49）は昨年12月下旬、一時帰宅で戻った。

家族3人を津波で失った。父王太朗《わたろう》さん＝当時（77）＝と妻深雪さん＝（37）＝。7歳だった次女汐凪《ゆうな》さんは町で一人だけ行方不明のままだ。

「津波を見てない。汐凪が犠牲になったと信じられないんだ」。手向け花がそよぐ地蔵と慰霊碑にそっと手を合わせる。

あの日の夕方、勤め先の養豚場から戻ると家は土台しかなかった。翌日、原発事故で避

◀枯れ草をかき分け、荒れ地に目を凝らす。
亡き家族とつながれる自宅周辺は、
除染廃棄物を保管する中間貯蔵施設の予定地でもある
＝福島県大熊町

難指示が出され、母巴さん（76）と長女舞雪《まゆ》さん（13）と町を追われた。

「すぐ帰れば救えたかもしれない」。一人になると、ふと息苦しくなる。

見えない敵が、見つからない娘との「再会」を邪魔する。放射線量が高く、戻れるのは年15回、1日5時間に限られる。

忌まわしい原発から少しでも離れたいと、長野県白馬村で舞雪さんと暮らす。母は会津若松市の仮設住宅に身を寄せる。

「捜し続けることでしかつながれない。見つけたい思いが支えになっている」。毎月、車で500キロの大熊行きは心の糧でもある。

東京電力に賠償請求はしていない。「古里を追い出された怒りを持ち続けたい」。退職金や支援金をつぎ込み、中古の住まいを白馬に求めた。

晴れ着で澄まし顔の七五三、ヒマワリのような笑顔のランドセル姿。まきストーブで暖を取る居間や廊下の壁は、汐凪さんの記憶で埋まる。

生まれた夏の日の海のように優しく穏やかに。そう願って名付けた娘は、海に奪われた。

「自然の前に人はただただ無力だった。生き方を変えないと亡き人に済まない。電気を使うから原発が動く。できる限り自力で暮らす」

雪深い山あいで自然の過酷さと恵みを思い知り、ひたすら大熊に通う。

娘が見つかることを祈る。見つかったら心に穴が開くかもしれないとも思う。もがきながら、死と生に向き合う。

(3) 風の電話に語り　聴く／受話器の向こう　あの人がいる

白い木枠の電話ボックスから、浪板海岸が見渡せる。ダイヤル式の黒い電話に回線はつながっていない。

岩手県大槌町の高台にある「風の電話」。昨年末、町内の主婦大川幸子さん（70）が受話器を取り、絞り出すように声を出した。

「じいちゃん、いま何してんの。みんなは元気でいっから」

語り掛けた相手は夫の東一郎さん。東日本大震災で津波をかぶり、68歳で亡くなった。

電話口から返事は聞こえない。

◀亡き人と語り合うための「風の電話」。生者も死者も思いを募らせる
＝2014年末、岩手県大槌町

話し中、一陣の風が吹き、近くに生えたガマの穂先が揺れた。

　ギリシャ語で風は「プネウマ」。霊という意味を併せ持っている。


　東一郎さんは定年退職するまで、釜石市の製鉄所に勤めていた。幸子さんは「やりたいことを自由にさせてくれる人だった」と振り返る。

　震災前、食品販売店に勤めていたころ。仕事帰りに友人宅に寄り、茶飲み話が夜遅くに及ぶことがたびたびあった。東一郎さんは一切、小言を言わなかった。

　「じいちゃんとたわいない会話をする日々が続くと思っていたのに、震災で突然断ち切られた。話したいことがまだまだたくさんあった」。そんな思いが、幸子さんを風の電話に向かわせる。

　これまでに4回訪れた。「何も見えない。何も聞こえない。だけど、電話口の向こうにあの人がいるような気がする」

　孫の古舘醍奉《だいな》君（6）も優しい東一郎さんのこと

が大好きだった。以前、醍奉君が風の電話で話した後、「じいちゃんが『大きくなったな』って返事してくれたよ」と教えてくれた。

風の電話を置いたのは町内のガーデンデザイナー佐々木格さん（69）。震災の2カ月後、会えなくなった家族や友人に思いを伝える場として、自宅の敷地内に開設した。今月7日の強風で倒壊したが、2日後には地域住民らが修復を始めた。大切な人を失った被災者の心の傷は深い。悲嘆の中に、亡き人の魂が姿を現す。「だからこそ、祈りの場として多くの人がすぐに復旧に立ち上がってくれたのでは」佐々木さんは風の電話が果たす役割にあらためて気付かされた。

（４）科学に心追い付かず／息子よ、お前は本当に死んだのか

見覚えのないネックレスが今も脳裏に浮かぶ。

十字架とハートを組み合わせたデザイン。息子の遺骨とともに警察から引き渡された。遺骨に引っ掛かっていたという。

一緒に住んでいたのに記憶にない。息子の親友から「肌がかゆくなるから嫌いだったはずだ」と聞いた。

「お前は本当に死んだのか。間違いないのか」。疑念がこみ上げる。

宮城県亘理町の無職小野時郭《ときひろ》さん（68）は東日本大震災で次男宏行さん＝当時（33）＝を失った。自宅近くで津波に巻き込まれた。

太ももは２０１１年12月にがれき集積場で、頭は13年２月に水路の復旧工事現場でそれぞれ見つかった。ともに損傷が激しく、生前の面影はもちろんない。ＤＮＡと歯型が身元特定の決め手となった。

津波による行方不明者が多い中、生きたしるしが戻ってきてくれてありがたかった。頭

では息子の死を理解しようとするが、どこか割り切れない。

火葬後、妻の八重子さん（67）と「しばらくは手元に残す」と決めた。自宅の仏壇に骨箱を置き、ネックレスを掛けた。

「息子の体がもっと見つかるかもしれない」「人違いならどこかできっと生きている」。二つの願いが交錯したまま1年以上が過ぎた。

「友人がお盆に墓参りしてくれるのに、遺骨がないのは忍びない」。昨年7月に納骨を済ませ、ネックレスを墓に入れた。

それでも区切りをつけられない。

納骨して間もなく、スマトラ沖地震の大津波で行方不明になった少女が見つかったというニュースがテレビで流れた。10年ぶりの家族との再会。現実的でないと言い聞かせつつ、宏行さんに置き換えて想像を巡らせた。

出入りしそうなパチンコ店に足を運ぶ。若い男性の後ろ姿に目が向く。襟足が長いと似ている気がし

て、回り込んで顔を確かめてしまう。

科学の力なしでは突き止めることができなかった身元。でも科学は信じ切れない思いまで解消してくれない。死を受け入れるかどうか、納得のいく答えは見つからない。

「納骨したのに何を考えているんだろう」

ほほ笑む遺影への問い掛けを続ける。宏行さんの魂は、両親にどんな返事をするのだろう。

（5）思い出　気配　薄れゆく／土地手放したら花も供えられない

「年が明けたよ」。白い息とともに、つぶやきが寒空に消えた。

元日の早朝、名取市閖上は雪がうっすら積もった。同市美田園のパート鈴木幸恵さん（64）は、津波で流失した自宅跡地で初日の出を迎えた。

家々が丸ごと流されてしまった土地が、今も辺り一面に広がっている。

東日本大震災で夫の幾男さん＝当時（62）＝と長男の厚さん＝（34）＝が犠牲になった。

この日は親族や友人ら十数人が自宅跡に集まり、豚汁や甘酒を囲んだ。

▶宏行さんの遺影に好きだった焼酎を供え、正月を過ごす小野さん夫妻。息子の死を受け止めようと苦悩する

「厚は郵便局員だったから三が日は忙しくてね」。鈴木さんが穏やかな表情で思い起こす。

家族全員の命を奪われた悔しさ、残されたさみしさ。抑えている気持ちが破裂しそうで、震災後1年は足を踏み入れることができなかった。

義姉らに促されて花を植え、思い出話をするうちに通えるようになった。3人のいとおしい記憶を刻む、掛け替えのない場所だ。

この土地の行く末を気に掛けている。

自宅があった場所は2013年末、災害危険区域に指定された。鈴木さんは再び住むことができない。周辺では土地の買収が進む。でも手放す気になれない。「手放せば献花もできなくなるらしい」。魂の宿る場が消える気がして胸が締め付けられる。

復興に向けた動きが、自分には祈りの場の喪失につながっていく。苦悩が深まる。

土地区画整理事業でかさ上げの土盛りが進む気仙沼市鹿折。駐在所勤務の夫が震災で行方不明になったままの、石巻市の主婦門馬恵子さん（56）は「自分だけ

取り残されたみたい」と嘆く。

震災後、夫の勝彦さん＝（52）＝を捜し、がれきの中をさまよった。「魂は自宅に帰った」と石巻の菩提《ぼだい》寺の住職に言われたが、月命日に鹿折を訪ねる。夫の気配を感じるからだ。

当初は駐在所跡地で供養できた。13年秋にかさ上げ工事で立ち入りが制限され、追いやられるように場所を移した。

今月11日は近くの石碑に花を手向けた。夫の好きなたばこを1本取り出し、火をつけた。「かさ上げが進めば、いつかはここもなくなってしまう」

合わせた両手の前で紫煙が揺れた。魂のすみかもまた漂っている。

(6) 日々、ひたすらに弔う／再会待つ遺骨たち　安心できる場に

「死者」がむつまじく暮らしている。

岩手県大槌町吉里吉里にある吉祥寺の位牌《いはい》堂「開山堂」。高さ約4メートルの八角形の室内に、計約６１０柱の位牌が並ぶ。

檀家《だんか》の隣近所と同じ配置だ。ここでは位牌も生前と同じコミュニティーの中にある。

上段にある19人分の骨箱に名前はない。東日本大震災で遺体が見つかりながら、身元の

▶自宅跡に集まった友人らの前で明るく振る舞う鈴木さん（右端）。祈りの場を失いたくない＝名取市閖上

分かっていない人の遺骨だ。

「今日は寒いね」

住職の高橋英悟さん（42）は毎朝、19人の魂に声を掛ける。一時は80柱ほどが納められた。身元が確認されると、親族らに引き取られていく。

高橋さんは「名前を取り戻せていなくても、大槌で亡くなった大切なご遺骨。安全でいつでも会える場にいてほしかった」と安置の理由を語る。

大槌町内の身元不明遺骨は県内最多の74柱に上る。津波が達しなかった吉祥寺など町内3カ寺が預かっている。

三つの寺を訪ね歩く女性がいる。町内で426人に上る行方不明者の家族の一人。母親が津波に流され、見つかっていない。「遺骨のどれかが母ではないか」。巡礼のように訪問を続ける。

時間がたつにつれ身元特定の手掛かりは乏しくなる。高橋さんはその魂が発する声を思う。

「あの世に先に帰った方たちはすぐそばで私たちの幸せを願っている。身元不明の人を含め、その方々が

喜び安心できることをしたい」

七つの骨箱が一時保管されている仙台市青葉区の葛岡墓園。住職の読経に続いて、牧師らが線香を手向け、神への祈りの言葉を唱えた。

身元不明の犠牲者の遺骨安置室に月1回、宗教者が集う。宮城県宗教法人連絡協議会の有志だ。月命日を中心に慰霊祭を開き、それぞれの教派・宗派のやり方で弔う。

その一人で日本基督教団東北教区の牧師川上直哉さん（41）は「身元不明の方々は思いを代弁する遺族や弔ってくれる人がいない。最も尊厳を奪われた状態だ」と訴える。

安置室に祭壇はなく、骨箱が横に並ぶ。川上さんは「手ぶらで祈る。心一つがむき出しになって力を帯びる」と説く。

縁者との再会を待つ身元不明者。もの言わぬ魂の叫びに、悼む宗教者たちが耳を澄ます。

▶開山堂に安置されている身元不明の遺骨。帰る時を待ち続ける＝岩手県大槌町

（7）宗教超えた杜　癒やし／そこには聖母も地蔵も神様も

多くの暮らしの場を津波で失った石巻市門脇町に、西光寺はある。墓地の脇に設けた慰霊広場「祈りの杜」は静けさに満ちていた。

キリスト教の聖母子像、仏教ゆかりの地蔵、神様を祭る石祠《せきし》などさまざまな信仰対象が点在する。一体ずつ植栽に囲まれてたたずむ。

日没後は電飾が輝く。荒涼としたままの闇夜に、祈りの空間を浮かび上がらせる。近くのパート鈴木由美子さん（45）が家族らと飾り付けた。

「真っ暗じゃ寂しい。喜んでくれてるよね、きっと」。初めて光をともした昨年12月13日は、東日本大震災で亡くした三男の秀和君＝当時（12）＝の誕生日だった。

あの日、息子3人と親類とで車に分乗して避難途中、津波にのまれた。

「愛情と同じように、悲しみはずっと消えない」。毎日食卓に秀和君の食事を並べる。仏壇に線香を上げるのも墓に行くのもためらう。この世で会えない現実を突き付けられる気がするからだ。

強い思いが残る自宅跡や墓地ではない祈りの杜なら、気の向くままに訪ねられる。「仏様や神様に見守られ、どうか安らかに笑顔で過ごしてほしい」

杜は昨年3月にできた。記念式典にはイスラム教やチベット仏教の宗教者も出席した。西光寺副住職の樋口伸生さん（52）は「悲嘆に暮れる心を癒やすことが大切。そこに宗教の壁はない」と語る。

月命日に震災で子どもを失った母親らが西光寺に集う「蓮《はす》の会」。「悲しみの受け止め方が違う家族には胸の内を見せられない」「気兼ねせず泣いたり怒ったりできる居場所が欲しい」。そんな声が、杜づくりの始まりだった。

「このまちで暮らす人のために、日常の中に祈りの場をつくれないか」。樋口さんは東京から墓地の復旧支援に来ていた川本恭央さん（49）と思いが一致した。賛同した石材業者や宗教者らの協力を得て杜は誕生した。

樋口さんは願う。

「人は祈ることで自らの気持ちを掘り下げていく。震災を生き延びた人たちが今を大事に生きるよりどころになれば」

今日も誰かがそっと立ち寄り、それぞれに大切な人を思う。天上で再会する日を信じて、精いっぱい生の記憶を紡ぐ。

▶イルミネーションに彩られた祈りの杜。被災地を温かく照らし、大切な人や神仏を迎える＝石巻市

○連載に寄せて／宗教学者　山折哲雄氏

蘇った万葉人の作法／死者の魂に語る生者たち

いま、われわれは挽歌の季節を迎えているのかもしれない。復興が遅々として進まないなかで、死者への思いがますますつのっている。

挽歌とは、もともと死者というよりも、死者の魂にむかって語りかける心の叫びであった。それが古代万葉人の作法であり、先祖たちの日常における暮らしのモラルだった。

だが今日、われわれはもはや死者の魂の行方にリアルな想像力をはたらかせることができなくなっている。遺体という死の現実を前にして、ただ呆然《ぼうぜん》と立ちすくんでいるだけではないだろうか。

もっとも人々は、死者を祀《まつ》る仏壇の前で掌《てのひら》を合わせ、遺影を見上げて死者の面影をさぐる。位牌《いはい》や遺骨、そして海辺に打ち上げられる流木などにも死者の気配を感じ、神経を集中する。ときに夢の中にそれを求め、一瞬の安らぎを覚える。雪や雨、そして目に見えない放射能の中にさえ死者の身じろぎを感じてもいる。

〈やまおり・てつお〉
1931年米国サンフランシスコ生まれ。6歳のころ家族と帰国し、戦時中に母の故郷の花巻市に疎開する。東北大文学部卒。東北大助教授、国立歴史民俗博物館教授、国際日本文化研究センター所長などを歴任した。

苦しみの一年が過ぎ、悲しみの一年がつみ重なっていくうちに、野をわたる風が死者の声を運んでくれる。山中の樹木のあいだに亡き人の姿が立ちのぼる。日に輝く海のかなたからも、なつかしい人の言葉がきこえてくる。われわれが発したはずの挽歌の声が、まるでブーメランのように死者の側から逆にとどけられる。それがまた、癒やしの循環をつくり出す。

だが以前、「日本の歌はもはや空を飛ばなくなった」といったのが阿久悠さんだった。3・11以後のわれわれの挽歌が、何となく力弱く感じられるようになったのもそのためかもしれない。

その阿久悠さんが昭和59年につくったのが「北の蛍」で、それをうたう森進一さんの声をきいたとき、これこそまさに現代日本の心をつらぬく挽歌ではないかと、私はわが耳を疑った。

出だしがいい。「山が泣く、風が泣く、少し遅れて雪が泣く」。情の深い女が男を追って雪の北国のはてまで流離していく話である。そしてつづく。「もしも私が死んだなら、胸の乳房をつき破り、赤い蛍が翔《と》ぶでしょう」。「赤い蛍」が燃える魂となって飛んでいくイメージである。

ホー　ホー　蛍　翔んで行け
怨《うら》みを忘れて　燃えて行け

山折哲雄氏

死のまぎわに生きる魂が北にむかう赤い蛍となって燃えている。生にふみとどまる者の祈りの言葉と情の深さが、空を飛ぶ挽歌の言葉を生き生きと蘇《よみがえ》らせているといっていいだろう。

私は2年前、石巻市を再訪して大川小学校の前にたたずんだときのことが忘れられない。3・11の直後に訪れたときは、そこはガレキの山に覆われ、まさに賽《さい》の河原というしかない荒涼とした光景をさらしていた。

けれども時をへてふたたび訪れたときには、旧校門前に親子地蔵尊が祀られ、参詣者たちが唱えるご詠歌と般若心経の声が天空にひびきわたっていた。それが古代万葉人の挽歌の調べとなって、私の魂を揺り動かしたのである。

第２部　宗教者の試練

生と死のありようを説く宗教者は震災という未曾有の困難に直面し、深い苦しみを背負った。
祈りの力を問い直す姿を被災地で追った。

（2015 年 2 月 10 日～ 14 日掲載）

（1）ちぎれた心　いつ戻る／寺と家族を失った　酒に浸る日もあった

落ち込む時間が短くなっただけだ。心の穴は今も埋まらない。

「生かされたという気持ちになれない。生き残されたから仕方ないかという感じ」。岩手県大槌町の江岸寺住職、大萱生《おおがゆう》良寛さん（56）はつぶやく。

町の中心部で約４５０年の歴史を誇る寺は東日本大震災の津波と大火で本堂が焼失した。町内約１６００軒の檀家《だんか》のうち約６８０人が犠牲となった。辺りは焼け野原と化し、寺の釣り鐘は二つに溶けちぎれた。

本堂で避難者を世話していた大萱生さんは津波にのまれ、約40分後に助けられた。住職だった父親の秀明さん＝当時（82）＝と大学で仏教を学んでいた長男寛海さん＝（19）＝の行方が知れない。

海沿いに住む三女と生後2カ月の孫娘が無事だったことは、せめてもの救いだった。

妻の智子さん（56）らと避難所生活を始めた数日後、幼なじみの檀家が両親の葬儀を頼みに来た。法衣は津波で失った。ジャージー姿に長靴を履き、町内の寺からもらった衣を

◀焼けただれた釣り鐘を見る大萱生さん。
震災の記憶の証しとして残すつもりだ
＝岩手県大槌町

大震災物故者諸精霊三回忌

羽織って外で弔った。

離散した檀家から次々と連絡が入る。寺を預かる者の使命を感じた。弟の僧侶知明さん（49）と供養や相談に追われた。

3カ月余りたった6月下旬、東京で1人暮らしの娘が自らこの世を去った。行方不明の家族2人への思いを書き残していた。大萱生さんは「犠牲者の百か日に合わせるとは。寺の娘だ」と唇をかむ。

誰とも会いたくなくなった。孫娘を寝かしつけるときだけ外に出た。朝から晩まで酒を飲んだ。気付けば、8キロほど痩せていた。

3週間ほど1人で供養を続けた弟が疲れ果てた。苦悩と痛みを胸の奥にしまい、寺に戻った。

読経すると忘れられた。通夜や葬儀では残された人への責任を痛感し、務めを全うした。心配して声を掛けてくれた檀家には自分より多くの身内を亡くした人もいる。心遣いがありがたかった。

寺の周辺は多くの家や建物が失われたまま。現地再建を決め、プレハブの仮本堂と寺務所を建てて仮設住宅から通う。「寺があるから戻ると言う人がいる。移るわけにはいかない」

釣り鐘は全国からの寄付などで新調された。昨春、敷地内のかさ上げ工事が始まった。目標とする本堂の建立は何年も先だ。町の復興に合わせ、一日一日を生きる。

「生かされたと感じられたら大丈夫かな。いつかそう思いたい」

（２）黙して　ただ共にある／この惨禍も主のなせる業ですか

「人間の業ではない。神がなさったのであれば、なぜ」

日本基督教団の韓国出身の牧師、鈴木裵善姫《ペーソンヒ》さん（58）は東日本大震災で壊滅した石巻市の市街地を見て、祈る心の揺らぎを覚えた。

２００３年から夫で牧師の淳一さん（53）と石巻山城町教会に仕えていた。日和山の近くにある小さな教会。約40人の教会員と礼拝堂は無事だったが、周辺は数日たっても水が引かなかった。

津波で多くの命が奪われ、人間のはかなさを感じた。天地を創造した神の仕業なのかと疑念がよぎる。震災の９日後、頭の整理がつかずに迎えた最初の礼拝では旧約聖書イザヤ書41章を引用した。

恐れることはない、私はあなたと共にいる神。
たじろぐな、私はあなたの神。

勢いを与えてあなたを助け
私の救いの右の手であなたを支える。

捕虜となって受難の日々を送るイスラエルの民に向けられた言葉だ。「どんな時も神の愛は変わらない」。そう説いたが、教会員の慰めになったか自信がなかった。

11年4月中旬、震災前から赴任予定だった大阪市の教会に移ると悩みは深まった。納得のいく説教ができなくなり、神と向き合うのが怖い。「牧師を辞めたい」。心身ともに追い詰められた。

その年の夏。自宅で気が高ぶって眠れない。布団にくるまり、泣きながら打ち明けた。

「神様、あなたが嫌いです」

その瞬間、破れた服を着たイエス・キリストが眼前に現れた。はっきりと見えないものの、幻覚では決してない不思議な感覚。津波に流されたようで、顔は傷だらけ。無言でたたずんでいた。

「イエス様は共におられる」。そう感じるだけで疲れ切った心が慰められた。「津波の原因は分からないが、神の愛は確かにある」。その後も虚無感に襲われるたび、主イエスの姿を思い浮かべる。

鈴木夫妻から石巻の教会を引き継いだ牧師、関川祐一郎さん（30）は着任直後に投げ掛けられた難題が心に引っ掛かっている。

「震災でなぜ友人が亡くなり、自分が生き残ったのか」。クリスチャンではない男性から

◀震災時、鈴木さんが仕えていた石巻山城町教会の礼拝堂。
十字架をかたどったステンドグラス越しの光が差す

だった。

キリスト教の信仰者としては生きることも死ぬことも主に委ねるしかない。悩んだ末、「答えはない。分かれば神になってしまう」と応じた。

生かされている現実に目を向けるよう諭したが、男性の気持ちが治まったかどうかは分からない。被災地の生と死をめぐる答えを求め、もがき続ける。

(3) 安息なき身は宿命か／頼られ応え 行者の心は疲れ果てた

釜石市の仙寿院住職、芝崎恵應《えのう》さん(58)は昨年7月、日蓮宗の会合があった青森市で倒れた。2011年3月の東日本大震災から3年余りため込んだストレスに体が悲鳴を上げた。

ビール1杯の酒席で体調を崩し、ホテルのソファに腰を下ろす場面で記憶が途切れた。「1分20秒の心停止があった」と仲間の僧侶から聞かされた。

意識が戻ると、左手脚の動きが鈍かった。脳梗塞を覚悟したが、診断結果は心的外傷後ストレス障害(PTSD)だった。

つらく怖い強烈な体験が心の傷となり、精神面の不安定さが体に異変をもたらす病気だ。20年前の阪神大震災や地下鉄サリン事件で注目されるようになった。

「心の安寧を保てるよう修行しているつもりだった」と芝崎さん。「まさかお坊さんがなるとは」と医師に驚かれた。

小高い丘にある寺は津波を免れた。境内からは破壊される市街地が見え、逃げ遅れた住

◀震災犠牲者をしのび、本堂でお経を読み上げる芝崎さん。弔いの日々に休みはない
＝釜石市

民がいた。寺には最大で５７６人の避難者が身を寄せ、最後の１人を11年夏に見送るまで日々心配りをした。

檀家《だんか》は関連死を含め68人が犠牲となり、死者の供養に追われた。本堂では身元が分からない遺骨などをずっと預かる。行方不明者の戒名が書かれた骨箱には、遺骨の代わりに土や服を納めて仮安置している。

寺は死者と共に時を刻んでもいる。多くの痛ましい死に接し、自身の心の傷を癒やすのは後回しにせざるを得なかった。

「骨箱に向かって毎朝声を掛けていると、あの日から一日も進んでいない気になる」

振り返れば、震災の３カ月後に既にＰＴＳＤと診断されていた。寝付きの悪い日が続き、家族に促されて仮設診療所を訪れた。

当時は国内外のメディアから取材が殺到した。津波の様子を思い出す機会が多く、医師に「真面目に取材を受けるからですよ」とあきれられた。治らないままでいたのだろうか。

今も法事や生活相談で来客は尽きない。住まいを探す檀家の相談は苦労する。震災後の地価高騰を受け、地主との交渉は神経をすり減らすことが多い。被災者の生活苦が相手にはどうも伝わらない。相談者と疲弊を共にする。

「坊さんは奉仕するのが当たり前。困っている人をお断りするわけにはいかない」。昨年の休みは1日だけ。長女の28歳の誕生日に花巻温泉に泊まったが、その夜にも檀家の訃報が届いた。

地域のよりどころとして頼られるのは宿命だと感じる。自分の安息の時をなかなか持てないのも、震災後を生きる僧侶の宿命なのかもしれない。

(4) ここで待つと決めた／人住めぬ地に神住まう社 再び

鎮守の森の葉擦れはもう聞こえない。土色が辺り一面むき出しになった平らな大地に、小さな社《やしろ》がぽつんと立つ。

宮城県山元町の海沿いにある八重垣神社は、江戸後期に建てた拝殿、社務所、鳥居などを全て東日本大震災の津波に奪われた。

あの日、宮司の藤波祥子さん（59）は秋田市にいた。戻って神社の惨状を目の当たりにしたのは震災から10日ほど後だった。

何もかも流されたと家族に聞いていたが、その場に立っても不思議と平静だった。「形あるものはいつか失われる。自然の法則を黙って受け入れるしかなかった」

生まれ育ったまちは見る影もない。氏子320軒のうち約90人が犠牲になった。「神も仏もないよね」と言葉を吐いた知人には、何も言えなかった。

仮設の祈禱《きとう》所を構えたが、一帯は新たに住宅を建てられない災害危険区域になった。創建から1200年もの間見守ってきた地域に人はもはや住まない。「津波が来た境目を示す仙台の浪分神社のように、内陸や高台にあったほうがいいのかな」。移るか、残るか。心は揺れ動いた。

ある日、がれきに囲まれて何もない社殿跡に手を合わせる人がいた。花が供えられ、誰かが置いた屋根瓦にはさい銭がたまった。

避難先を訪ねると「神社の夏祭り、どうするの」と声を掛けられた。「みんなで笑い合える場が欲しい」と会う人ごとに言われた。

みこし渡御や花火を打ち上げる例祭は、地域の夏の恒例行事だった。震災翌年に再開すると、荒涼とした境内が屈託のない子どもの笑顔であふれた。

迷いは消えた。「たくさんの人が祈りをささげ、神主が一生懸命清めてきた場所。ここにあることが意味を持つ」。神社の建て直しへ日々奔走する。

仙台市若林区荒浜の浄土寺は市内の寺院で唯一、危険区域にある。集落が津波で流され、プレハブの仮本堂から500メートル先の海岸付近を見渡せるようになった。

約450軒の荒浜の檀信徒は135人が亡くなった。隣近所から集まって茶飲み話に興じ、境内を散歩した光景は戻らない。

仮設住宅などで暮らした住民は海から離れた場所に新たな居を構えつつある。「寺社に公的支援はなく、経済的に大変だが、人の営みの近くにいたい」と住職の中沢秀宣さん(65)。2キロ内陸で本堂や自宅を再建する。

墓地は移さず、法要に使える仮本堂も残す。「荒浜に暮らした人たちが古里を思う場が失われてしまうから」

民のすみかのないまちで、宗教者が心の在りかを守り続ける。

（5）次代へつなぐのは私／亡き父の言葉かみしめ　門徒支える

仙台市若林区井土の海楽寺で、住職の大友雄一郎さん（45）が1枚の遺影を見詰める。写っているのは東日本大震災で亡くなるまで住職を務めた父親の征夫《まさお》さん＝当時（69）＝。最後に会った震災前日と同じ笑顔を浮かべている。

征夫さんは市職員との兼業だった。門徒に語る言葉をいつも夜遅くまで考えていた。本を多く読み、説法に使える文章のあちこちにボールペンの線が引いてあった。

「父さんならどう考えるだろうか」。雄一郎さんは悩みに突き当たると、先代住職に問いを立てる。

死因は自宅で津波をかぶったことによる低体温症だった。「俺は運が強い」が生前の口癖。母からの電話で知った訃報に耳を疑った。

遺体の傷みが激しくて対面はかなわず、父の死をしばらく実感できなかった。

小学校の教師を続けながら急きょ住職を継いだ。震災で命を落とした14人の門徒と父の葬儀、寺の仕事とやるべきことは山積み。追い立てられるようにこなした。

本年度、職場が市の教育委員会に変わってからは、仕事を抜けられずに住職として葬

▶境内をほうきで掃き清める藤波さん。寒風にさらされる現地での再建を決意した＝宮城県山元町

式に出られないことが2度あった。

井土地区には2メートルを超える津波が押し寄せ、本堂は全壊した。70軒近い門徒のほとんどが地区の外に移った。寺の今後をめぐる決断は最大の難題だった。

悩み抜いて出した答えはこの地での存続。犠牲になった門徒の無念の思いと悲嘆に暮れる家族の姿が背中を押した。亡き先代とも対話を重ねた。

「門徒が古里のように集える心のよりどころが必要。父だって間違いなく同じ道を選ぶ」

昨年の3月11日。寺でお経を読んでいると、ふいに父の姿が思い浮かんだ。涙が頬を伝った。

「震災後はずっと突っ走るような毎日で父に十分な思いを寄せられなかった。３年の月

日でようやく区切りが付いたかもしれない」

寺の歴史は３００年余り。雄一郎さんで12代目になる。

征夫さんは「寺の功績を残すより、次につなげる存在になりたい」と口にしていた。

「寺の歴史は何となく続くものではなく、つなげようとする意志が必要。父はそう言いたかったのではないか」と雄一郎さん。

寺は代々教えを引き継ぎ、地域社会の中で長い歩みを重ねてきた。震災の混乱の中で住職のバトンを受け取り先を見据える今、先代の言葉をあらためてかみしめる。

大切な人との別離を経験した門徒と共に、苦を乗り越える場としてここを守り抜く。それが父への一番の供養になると信じる。

▶征夫さんの遺影をじっと見る雄一郎さん。
「父とは震災前以上に『会話』しているかもしれない」

第3部 「再会」のかたち

突然奪われた大切な人に会いたい。残された人たちの思いは募る。
その気配や存在を感じながら生きる。
被災地にさまざまな「再会」のかたちがあった。

（2015年2月23日～27日掲載）

（1）こうちゃんのおもちゃ
ママ　頑張って笑うよ／突然鳴りだした　一緒にいるかのように

石巻市の遠藤康生《こうせい》ちゃんは、東日本大震災の津波の犠牲になった。3歳9カ月だった。母由理さん（41）ら残された家族が住むみなし仮設住宅。震災後に生まれた2歳の次男が、アンパンマンの車で遊ぶ。康生ちゃんのお気に入りだったおもちゃだ。

震災後の約1カ月間、行方が分からなかった。ひっくり返ったトラック、家屋の残骸。無数の日常が失われた街を捜し歩いた。

気持ちが沈むと、笑顔を浮かべて「ママ笑って。ずっと守るから」と言ってくれた康生ちゃん。発見の報を受け止められなかった。

小さな亡きがらは壊れそうで、抱き締めるのをためらった。最後に口にしたのが海水と泥なんて悲しすぎる。持っていたチョコレートを1個、動かない口に運んだ。生前の姿がわずかに残る左の頬に何度もキスをした。

津波はどんなに冷たく、怖かっただろう。つらい思いをさせたことが何より胸を締め付

◀康生ちゃんが遊んでいた車のおもちゃ。
今を生きる家族との大切なつなぎ目になっている
＝石巻市

けた。

その日から、取り巻く世界が色を失った。何を食べても味がしない。花を見てもきれいと思えない。あらゆる感情がなくなった。

「何でもいいから姿を見せて」。願い続けて3カ月ほど過ぎたころ、康生ちゃんは夢に現れた。

写真と遺品で埋まった居間の祭壇の前。ちょこんと正座し、白い歯を見せた。いつものように笑わせようとしているのが分かった。

「こうちゃん、ママとても笑えないよ」。抱き締めようとすると透けてしまった。

震災から2年後の夏。家族で夕食を取っていた。「こうちゃんもおいで」。心で呼び掛けた。

「ブルルン、出発進行」。突然、離れて置いてあった

アンパンマンの車から音が出た。まるで返事をするかのように。「こうちゃん来てる」。家族の誰もが思った。「もう一回動かして」。数日後、また音が鳴った。

昨年のお盆には、言葉を覚え始めた次男に「ブランコで遊びたい」とせがまれた。これまで乗せたことがなく、家の近くにない。ブランコが大好きな康生ちゃんが次男と遊んでくれていると感じた。

子どもを亡くして笑えるはずがないと苦しんでいた。「近くで見てるんだ」。喜んでもらえるなら頑張って笑おう。初めて思えた。

今は夫と中学2年の長女、次男と暮らす。子どもの数を人に聞かれたら、迷わず3人と答える。「寂しさ、つらさは消えない。でもずっと一緒にいるから」

介護施設で再び働き始めた。「かっこいいママになるよ」。ほんの少しだけ取り戻した笑顔で、姿なき息子に語り掛ける。

（2）不意に現れた白い花
怪談に包み父を恋う／靴の中、ひつぎの中でも私を待っていた

あの日見た白い花の名前を、まだ知らない。父を思い出すとき、必ずそこにあるというのに。

仙台市宮城野区の介護福祉士須藤文音さん（27）は東日本大震災で、気仙沼市の実家に暮らす父勉さん＝当時（54）＝を失った。

1週間たっても見つからず、不安が膨らむ中で、不思議な白い花が自分の前に姿を現した。

震災の日、仙台で激しい揺れに遭った。公衆電話で実家の母と連絡が取れた。祖父母と妹は無事だったが、船舶機器のエンジニアの父は仕事中。気仙沼に駆け付けるすべもなく、気ばかりが焦った。

家族とやっと再び話ができた1週間後、母は遺体安置所を捜し回っていた。「用心深い父が津波に巻き込まれるなんて」。最悪の事態への覚悟と信じられない思いが交じり、遠

くにいて心は乱れた。

　少しでも気を紛らわそうと一時避難先の山形市の銭湯に知人と出掛けた。にじむ涙を湯で拭った。

　入浴を終え、靴箱の鍵を開けた。ブーツを履くと、ふわっとした何かが足底に触れた。

　一輪の真っ白な花が、かかと部分からのぞいていた。「冷たくて柔らかかった。靴下越しとは思えないぐらい、はっきり分かった」。茎から切り取られたばかりのようにみずみずしい。いつ、どこから入ったのか。見当がつかず、その場で放った。

　震災から約２週間後、実家に戻ってきた勉さんはひつぎの中にいた。温厚で笑みを絶やさなかった父。ガラス越しに見える青白い顔にその面影はもはやない。

　ひつぎを開けることはできず、触りたくても触れない。父の顔はぬれているように見えた。

　ひつぎにささげられていた花が見え、息が止まった。それはブーツに入っていた白い花だった。

　銭湯で踏んだ花の感触がよみがえる。「父のぬれた皮膚もこんな感じだったのだろうか」。死後何日もたった皮膚が崩れたとしても父に触れておきたかったと思

う。

どこでどう死んだのかが分からず、受け入れ難い。途方に暮れていたころ、仙台市の出版社「荒蝦夷」の「みちのく怪談コンテスト」を知った。

説明のつかない体験を物語に編むと救われる気がした。「白い花弁」と題した作品は大賞に選ばれ、本に収められた。

怪談はもともと鎮魂の文学だと聞いた。震災の記憶とそこにいた人たちは物語の中で生き続ける。

「書くことが私なりの供養。父と話がしたいから」

紙の上なら、また会える。

（3）1896年の遠野物語
繰り返す口伝の悲劇／明治三陸で死んだ妻　高祖父は霊を見た

〈大海嘯《おおつなみ》に遭いて妻と子とを失い…女は正《まさ》しく亡くなりし我妻なり…〉

岩手県山田町の公務員長根勝さん（55）は海辺の田の浜集落で生まれ育ち、ここで東日

▶須藤さんの父は海を通じて世界につながる港に生きた。夜霧のように光が白く漂う＝気仙沼市

本大震災に遭った。津波で母の享《きょう》さん＝当時（78）＝を失った。

享さんから若いころ、民俗学者の柳田国男が１９１０年に発表した遠野物語の第99話を教えられた。全１１９話の説話集は、死と生の領域が行き来する。

99話は、１８９６年の明治三陸大津波で妻が犠牲になってしまった夫婦の物語を伝える。

30年ほど前、勝さんが休日に茶の間でテレビを見ていると、享さんがぽんと本を置いた。「これ読め。99話を見てみろ」

主人公は津波で妻子を失った福二。１年ほどたった夏の月夜、波打ち際を歩いていると男女がやって来た。女は死んだ妻。男は福二と結婚する前の妻の恋人だった。

名を呼ぶと、妻は今はこの人と夫婦だと言う。福二が「生き残った子どもがかわいくないのか」と問うと、妻は泣くばかり。足早に山の方へ立ち去ってしまった―。

読み終えると母が言った。「これ、おらい（自分の家）だよ」

主人公は実在した。本名は長根福治。勝さんの４代前の高祖父に当たる。99話に出てくる話は、地元では長根家の本家だけで口伝えされてきた。

「小さな集落だから幽霊を見た話をすると気まずくなることもあったのではないか」と勝さん。妻たちの幽霊に会って思い悩む福治の姿を見て、家族もあまり語りたがらなかったと聞いた。

隠れた物語を教えてくれた享さんは今も行方が分からない。

震災の翌日、避難先から10キロ以上歩いてたどり着いた自宅や周りの家々は土台だけ。


◀東日本大震災で倒された田の浜地区の石碑。

過去の津波被害を記し、高所への避難や居住の戒めを刻む

見上げるほどの堤防は所々決壊し、何人かの遺体が横たわっていた。宙を歩いているようで現実感がなかった。

惨状を目にしても、地震の後には津波が来ると口癖のように唱えていた母なら絶対に無事だ。確信めいたものが心を支えた。

泣きながら、近所の女性が駆け寄ってきた。「勝君、母さん流されたよ」。ただ、立ち尽くした。

遠野物語にも紡がれた戒めを胸に刻み、津波への心構えを人一倍重んじていた母。なぜ逃げなかったのか。なぜ自分は母を見つけられないのか。やり場のない憤怒の念が渦巻いた。

１１５年の時を超え、再び津波で分断された肉親の生と死。頭の中で99話がむなしく響いた。

（4）2011年の遠野物語
戒め　子孫に伝え抜く／流された母　夢の中で言った「仕方ないよ」

岩手県山田町の公務員、長根勝さん（55）は東日本大震災で母享《きょう》さん＝当時（78）＝を亡くした。今も行方不明だ。

津波への警戒心が強い母がなぜ犠牲になったのか。どうして母を見つけられないのか。許せない気持ちを抱えたまま1年が過ぎた。

母との「再会」は突然訪れた。先祖が登場する遠野物語の秘話を知ったあの日のように。

初めは一人娘の璃歩さん（18）の夢に現れた。「おばあちゃん、にこにこ笑ってたよ。何で逃げなかったのと聞いたら、困ったような顔で仕方がなかったんだよって」

程なくして勝さんも再会を果たした。夢の中の母は60代ぐらいに見えた。台所で家事をしていた。

「母さん、腹減ったよ」

「今、準備できっから待ってて」。表情は穏やかだった。光が降り注ぐ明るい部屋で何げ

◀津波の爪跡が今も残る浜辺。
約 120 年前の月夜、福治はどんな思いで歩いたのだろう
＝岩手県山田町

ない会話を交わした。そこで目が覚めた。

母から教わった第99話は、先祖の福治が明治三陸大津波（１８９６年）後の体験を語ったことを基にする。幽霊になった妻がやはり津波で命を落とした前の恋人と夫婦になったことを知り、「久しく煩いたり」と結ぶ。

病に伏せるほどの哀れな体験を福治が語り伝えたことの意味を思う。「幽霊との出会いで、妻の死と、残された者として生きることを受け入れたのではないか」

前の恋人と一緒だったことには、独りだとかわいそうなのであの世で暮らせという、福治の思いやりを感じた。「気持ちの優しい人だったのだろう」と勝さん。

享さんの夢を見て、先祖の姿が重なった。「話すことができて自分も母も許せ

るとやっと思えた。怒りのような感情が薄らいでいった」

長根家の歴史を正しく伝えようと、震災前から高齢の親類らに話を聞いてきた。福治の生き残った子は遠野物語の記述より1人多い3人だった。幽霊と会った時期についても諸説ある。

さまざまな資料を集めたが全て津波で流された。自分が残さなければ途絶えてしまう。使命感を胸に再び調べ始めた。

30年ほど前、母は遠野物語を息子の自分につないだ。福治が失った妻の名は「キヤウ《きょう》」。くしくも同じ名を持つ母は何を伝えたかったのだろう。

「数字の被害記録だけでは、津波で肉親を奪われた家族の痛みは残せない。親から子へ、子から孫へ口々に思いを伝えていくしかない」。勝さんが出した答えだ。「次の世代が悲劇に遭わないよう、血の通った教訓として語り継ぎたい」

死者と再び会う、悲哀を帯びた不思議な昔話。いつか救いの物語となるよう願う。

（5）奇談に耳傾ける僧侶
それで心満ちるなら／「幽霊を見た」「声が聞こえる」

「実はね…」。東日本大震災で失った大切な人への情愛や癒えない喪失感が、仮設住宅の一室や集会所の片隅で静かに語られる。

浄土真宗本願寺派の僧侶金沢豊さん（34）は京都市から毎月、岩手県南を中心に被災地に通う。仮設を訪ね、ひたすら傾聴する。

２０１１年秋から１０００軒ほどを訪ね、約２００軒の被災者と話をした。時に打ち明けられるのは超自然的な現象や幽霊話だ。

「金縛りで目覚めると、そばに誰かの顔がある」

「津波で亡くした妹にずっと見られている」

「知人と擦れ違いざまに『私、本当は死んでないの』と言われた。後日、行方不明だと知った」

除霊を頼まれたことがある。それで解決できるとは思わないが、幽霊と会ったという人には見えているのだと金沢さんは考える。

「気持ちが揺さぶられたりするわけだから。自分の考えや価値判断は一切持ち出さず受け止める」

仏教の死生観には輪廻転生《りんねてんしょう》があり、僧侶は往生や成仏を説く。そこには幽霊や霊魂の話は実はなじまない。

でも目撃談を語ってくれる人の表情は印象的だ。怖がるのではなく、慈しむよう。「頭がおかしくなったって思われるから、あんまり他人には言えねえんだ」。そんな諦めに似た声も聞いた。

「死者の声を封じ込めてはいけない。亡き人の存在を縁《よすが》として生きる、残された人たちの言葉を聞く」。少しでも心をほぐせればと玄関のベルを鳴らす。

12年７月、気仙沼市で震災犠牲者を供養する「海施食《うみせじき》」が営まれた。曹洞宗の気仙沼地域の教区長で補陀寺住職の千葉裕一さん（65）らが呼び掛け、市内の他宗派の僧侶も一緒に読経した。

震災から１年４カ月。節目というわけではない。行方不明者も多いままで家族が精神的に極限状態に追い込まれているとみて、海に向かっての慰霊を思い立った。

千葉さんは振り返る。「幽霊が見えるとか、亡くなった人の声がするから弔ってという話が、震災から１年が近づくにつれ、日に日に増えていった」

多くの命を奪った海は、恵みの海でもある。自然や神仏を畏れ敬い、日常が死者と共にある気持ちが、東北には根付いていると感じる。「そうした精神性が、さまざまな形となって人々の前に現れるのだろう」と千葉さんは言う。

悲しみのうずめ方はそれぞれにある。生と死の姿に触れる宗教者は、寄る辺ない人々の声に耳をそばだてる。

▶仮設住宅を一軒一軒訪ねて回る金沢さん。言葉にならない思いを聴き取ろうと努める＝陸前高田市

第4部　民の信仰

信仰の対象となるのは既存の宗教だけではない。
東北の人々の心には、身近なカミやホトケ、伝統の行事、芸能への信心が今も息づく。
震災で生じた死に「民の信仰」はどんな役割を果たしたのか。

（2015年3月14日～19日掲載）

（1）現世で惑う人のため／彼岸から言葉を降ろす　そしてまた降ろす

拍子を取るように数珠を鳴らし、歌うように魂を呼ぶ経文を唱える。

2月末、白い衣をまとったイタコ松田広子さん（43）が、八戸市の自宅の祭壇前で「口寄せ」を始めた。

イタコは霊を自らの体に降ろすとされる。亡き人の魂と一つになり、思いを伝える。

呼び寄せるのは、東日本大震災で亡くなった東松島市の尾形百合子さん＝当時（55）＝。車で逃げる途中、孫の峯田涼雅ちゃん＝7カ月＝と共に津波に巻き込まれた。

突然、お経がやんだ。抑揚のない声で語りだす。

「呼ンデクレテ、アリガタイ。ココマデ気ニ掛ケテクレル気持チガ、ウレシイ」

口寄せを頼んだ尾形さんの夫俊郎さん（63）が正座し、じっと聞いている。緊張からか表情は硬い。

同じ調子で言葉が続く。

「成仏シ、仏トシテ祭ラレテイル。安心シテクダサイ」

「アノ世デ（孫と）仲良クヤッテイマス」

「何カ変ワッタコトガアレバ、夢ノ中ニ出マスカラ」

少しの間を置いて口調が元に戻り、口寄せが終わったことを告げた。俊郎さんは柔らかい表情になり、「安心しました」と礼を述べた。

亡き妻のことを「しっかり者。自分にはもったいないぐらい」と語る。百合子さんは「お金がない」と口癖のように言いながら、家の新築や車の買い替えにはちゃんと資金をひねり出した。

「自分には趣味がない」と俊郎さん。大工の仕事が休みの日に、百合子さんと買い物や旅行に出掛けるのが唯一の安らぎだった。

「今は何をやっても楽しくない」。最愛の人を亡くし、生きる意味を見失った。

昨年7月、親類の誘いで霊場・恐山（むつ市）の大祭に行った。この時期、青森のイタコたちが集まる。口寄せを求める行列に10時間並んだ。あと数組のところで時間切れとなった。

「震災後、お母さんは夢に一度も現れてくれない。あっちで無事かどうかだけでも確かめたい」。俊郎さんが再びイタコを頼ったのはこんな思いからだった。

松田さんは震災後、多くの被災者から口寄せの依頼を受けた。１００人近くの霊魂を呼び降ろしたという。

故人は成仏したか、亡くなる時に苦しまなかったか、遺体はどこか―。残された人はさまざまな問いを投げる。

「口寄せの依頼者は故人への思いが色濃く残っている。突然の別れで大切な家族の死を十分に受け入れられない人はまだまだ多い」

被災者の喪失感に応える覚悟を胸に、亡き人と生者の仲立ちに努める。

◀口寄せで霊を呼び降ろす松田さん。
イタコの口を借りて亡き人が言葉を残す
＝八戸市

（2）口寄せ　もう頼めない／地域で最後のオガミサマ、天寿全うす

黒い衣や茶色のけさは折り畳んだまま。シカの角やタカの爪が付いた数珠は箱に収まっている。オガミサマのあるじを失った祭壇は寂しげだ。

ここで祈念していたのは気仙沼市唐桑町の小野寺さつきさん。死者の霊を自身に呼び降ろすとされる「口寄せ」のみこだった。昨年6月、老衰のため88歳で亡くなった。

口寄せするみこは青森のイタコだけではない。宮城、岩手のオガミサマ。山形のオナカマ。福島のミコサマ。呼び方は違えど東北各地にいた。

さつきさんは気仙沼地域で最後のオガミサマだった。

若いころ視力が下がり、当時そうした女性のなりわいの一つだったみこを目指す。オガミサマゆかりの一関市の大乗寺で修行を積み、地元に戻った。口寄せだけでなく漁や家内の安全も祈った。

東日本大震災で肉親を失った人々は、さつきさんに口寄せを頼んできた。

市内の主婦小野寺千栄さん（41）は震災から半年ほどして、母の西城きぬこさん（67）とさ

つきさんを訪ねた。津波で行方不明になった兄の信一さん＝当時(40)＝を呼んでもらうためだ。

さつきさんは信一さんの言葉だとして、こう語った。

「波ガ迫リ、車カラ飛ビ出シテ逃ゲタガ間ニ合ワナカッタ。先ニ逝ッテ悪カッタ」

千栄さんはきぬこさんと共に涙を流した。「兄の声を聞けて良かった。以前より心が落ち着いた」と振り返る。

震災後にさつきさんが口寄せをした際、怒りだしたことがあった。「今はあんたの番でねえがら」

娘の小原美穂子さん（54）は「震災直後、母は『多くの霊が集まって、頼まれた霊を降ろせない』と漏らしていた」と思い起こす。

依頼された霊をその日のうちに呼べず、翌日に持ち越すことが多くなった。別の霊が降りたため、「やり直すからろうそくを換えて」と美穂子さんに頼むこともあった。

目が不自由なこともあり、さつきさんは津波がもたらした壊滅的な被害を初めのうち知らなかった。霊が集中するほどの口寄せを通じ、ただならぬ事態であることを実感していたという。

海と生きる漁村は信心が厚い。見えない世界と交信し安心をもたらすオガミサマは、医者にも寺にも言えない悩みの打ち明け先だった。

地域の心のよろず屋とも言える彼女の死を、住民は嘆く。千栄さんは「また兄の声が聞きたくなっても、もう頼る人がいない」と残念がる。

さつきさんの死後、祭壇はそのままにしてある。世話になった人々が今も線香を上げに訪れる。

◀さつきさんが生前、祈りをささげた祭壇。もう地域にみこはいない
＝気仙沼市唐桑町

（3）土地を離れても共に／２００年祭った屋敷神　激流に耐え家筋守る

1階の窓はブルーシートで覆われている。東日本大震災の津波に集落がのまれた宮城県亘理町荒浜の2階建て家屋。辺りに人の気配はない。

家の敷地の隅に高さ60センチのほこらがたたずむ。陶製の稲荷《いなり》様が祭られ、お神酒が供えられていた。

家や土地を守る屋敷神だ。神様や仏様のような存在ともちょっと違うカミ。古くからの習俗として各地に広がる。

「うちではオイナさんと呼んでいた」。震災前までここに暮らしていた永浜紀次さん(75)が語る。

ほこらの脇で高さ十数メートルの松が神々しい存在感を放つ。津波に耐え抜いた。

永浜家は２００年以上続く漁師の家。墓石は5代前からの先祖の戒名を刻む。屋敷神は歴史を共にしてきた。

◀津波に耐えて残った永浜家の一本松。
根元のほこらには先祖から続く屋敷神が宿る
＝宮城県亘理町

阿武隈川の河口に自宅があった。「漁師として半世紀、シャコエビやカレイを捕りノリ養殖もした」。恵みあふれる海が懐かしくよみがえる。

その海が牙をむいた。地震直後、海水が沖に引くのを見た。近くの小学校の屋上に避難してすぐ、無残な姿になった屋根や壁、柱が泥水に巻き込まれながら流れてきた。

近所の行政区だけで38人が死亡、行方不明となった。「津波なんか来ない」と言っていた漁師仲間も命を落とした。

自宅は1階の天井まで水に漬かったが、流されずに残った。長男家族を含む一家7人は全員無事。空高く枝を伸ばす松を見て、屋敷神がわが家を守ってくれた気がした。

信心が厚かったわけでは必ずしもない。「隣は屋敷神に毎日お供えしていたが、うちは祭りの日と正月ぐらい」。震災でありがたみが増した。感謝の気持ちを込め、屋敷神と松の根元のすぐ前に、背丈ほどの鳥居を建てた。

何げなくしていてもふと湧き起こるカミの存在。先祖から脈々と受け継ぐ屋敷神はそんな信仰心の発露でもあ

る。

昨年、松に異変が起きた。葉が茶色になり枯れ始めた。震災前の記憶を刻む原風景として松に期待が寄せられていた。でも被災した自宅周辺は災害危険区域に指定され、再び住むことができない。

「枯れたら希望が失われてしまう」。永浜さんと同じく松に神秘的な力を感じていた妻の由紀子さん(74)は心配を募らす。

家主がそこにいなくなった屋敷神は、役目を終えたと思い、自ら区切りを付けようとしているのだろうか。

松の異変に気付いたのは、夫婦で3年暮らした仮設住宅から別の場所に建てた新居に引っ越したころだった。

「家が解体されたら、ほこらは新居に移す」。屋敷神への畏敬の念を抱き続ける。

(4) また必ず海に降ろす/みこし渡御で地域が一つになれる

「ここら辺に祭壇を作って神事をしたんだ」

◀豊間海岸の砂浜を歩く鈴木さん。みこしを再び海に降ろす日を思う=いわき市

いわき市の鈴木利明さん（73）が、被災した豊間海岸で砂浜を踏みしめる。

鈴木さんはみこし渡御を伝承する「豊間海友会」の会長。豊間地区は東日本大震災の津波で76人が死亡し、7人が今も行方不明だ。海友会もメンバ12人が命を落とした。

「残された家族の心情を思うと…」。犠牲になった仲間の話は口が重くなる。

海友会は20年ほど前に地元の元漁師らがつくった。数年に1度だった海へのみこし渡御を毎年行うようにした。２００８年には福島県の重要無形民俗文化財に指定された。

みこしが海に繰り出すのは5月４日。海岸から約10キロ離れた大国魂《おおくにたま》神社の例大祭で執り行われる。

「かつて海岸にご神体の石が打ち上げられたことに由来する」と鈴木さんは言う。

浜辺に設けた祭壇までみこしを運び、潮水を供える。神の力を取り戻す儀式「お潮採り」だ。「浜下《お》り神事」とも呼ばれる。浜も海も神聖な場となる。

その後、男衆はみこしを担いで海に入る。荒波をかき分けるみこしに白いしぶきがかかり、威勢のいい掛け声が響く。

「みこしが屋根まで沈んでいく様子は圧巻。浜辺に大漁旗がはためき、大勢の見物客が駆け付けた」

そう懐かしむ光景は今、存続が危うくなっている。メンバーの大半が自宅を流され、避難を強いられた。法被などの祭礼道具を失い、11年はみこしを海に降ろせなかった。12、13年は降ろしたが、昨年から防波堤の復旧工事のため再びできなくなっている。

避難して豊間を離れた人々が戻るか不安が募る。福島第1原発事故で漁は制限されている。東京・築地市場で「常磐もの」と高く評された魚は、捕ることもほとんどできない。

鈴木さんもかつては捕鯨やサケマス漁で大海原を渡った。30代半ばで陸《おか》に上がって民宿を開き、魚料理を観光客に振る舞ったが、原発事故で閉鎖に追い込まれた。

受難が続く中、みこし渡御の再興を期す。「海での生活が成り立たないと人は流出するばかり」。不安を抱きつつ、地域の人々に宿る精神性が心と心をつなぐと期待する。

ことし1月、みこし渡御の由来を刻んだ石碑を沿岸から内陸に移した。石の一部がはがれ、線を引いたように傷が見える。津波の跡をあえて残した。厄難に負けずに神事を復活させる鈴木さんの決意の表れだ。

「地域が一つになるには祭り。神様、そして祭りを長く受け継いできた先祖を信じて続けていく」

（5）馬上の勇姿　天へ届け／家族も住まいもない　でも野馬追は残った

1人暮らしの仮設住宅から車で5分ほど走ると、騎馬会の後輩の厩舎《きゅうしゃ》に着く。昨年7月の相馬野馬追で武者行列に加わった愛馬が出迎えてくれた。

「いい子だ」。南相馬市鹿島区の菅野長八さん（63）は馬の顔をなで、目を細めた。相双地方に伝わる野馬追は、相馬中村神社など地元の三つの神社とゆかりが深い。人馬の祭礼だ。

東日本大震災と福島第1原発事故が多くの命と日常を奪っても途絶えなかった。菅野さんは伝統の灯を守った騎馬武者の一人。勤め先の相馬市にいて津波を免れた。

だが妻まち子さん＝当時（58）＝、母ハルヨさん＝（85）＝、次男武身さん＝（34）＝、長女あゆみさん＝（31）＝の家族4人と親族8人、計12人が犠牲になった。海から約200メートルの自宅は全壊。育てていた馬2頭と甲冑《かっちゅう》約10領を流された。

自宅は原発から約30キロ。被災してすぐに娘の遺体を見つけたが、火葬に立ち会えなかった。原発事故の差し迫った状況の中で、避難を余儀なくされたからだ。「家族は助けを求めていたのかも」。自責の念にとらわれた。

勇壮な野馬追は、旧相馬中村藩の領民の平安を祈る神事でもあった。武者たちは年1回の祭礼のため自前で馬を育て装束を備え鍛錬を重ねる。

菅野さんが自らの馬で参加したのは1974年。毎年のように出陣し、所属する騎馬会で侍大将も務めた。馬の世話や来訪者の対応、陣羽織の仕立ては家族が協力。人馬一体の暮らしを支えてくれた。

震災と放射能汚染の影響で開催が危ぶまれた11年5月の集まり。野馬追の総大将を務める旧藩主家の相馬家から実施の希望が示された。菅野さんは「やりたい」と言った。


家族も家も馬も失い沈みきった心に、野馬追は一筋の力を与えた。伝統を担う誉れ、人と馬の結び付き…。「見物じゃなく出るものだと家族の声が聞こえた」。馬や武具を知人が提供してくれた。前を見据えて生きる糧となった。

規模を大幅に縮小した11年は、神事を中心に騎馬武者が行軍した。「家族を亡くしたばかりの身で指

揮できない」。菅野さんは無役の「平騎馬」で参加。鎮魂の思いをささげた。野馬追を通した自分なりの弔いだった。

震災翌年の12年から再び侍大将を務めている。長年働いた郵便局の退職金で甲冑を新調。仮設住宅で被災者に見送られ、馬にまたがった。

家族の心を一つにしてきた野馬追と共に、災後の今を生きる。夢の中で妻と約束した。「ことしも出るぞ」。がれきの中で見つかった家族の集合写真を巾着袋に忍ばせて。

（6）舞と太鼓　闇を照らす／生きとし生けるもの鎮めてきた鹿子躍

宮城県南三陸町の水戸辺地区の高台にひっそりと石碑が立つ。地元に伝わる水戸辺鹿子躍《ししおどり》の供養碑だ。

１７２４（享保９）年の建立。風雨にさらされ続け、石は朽ちかけている。目を凝らすと表面に文字が見える。

「奉一切有為法躍供養也」

意味はこうだ。

「生きとし生けるものの供養のために踊りを奉納せよ」

▶愛馬と触れ合う菅野さん。野馬追の持つ力を信じ、再生に力を尽くす＝南相馬市

水戸辺鹿子躍保存会会長の村岡賢一さん（64）が供養碑の前に立ち、つぶやいた。

「震災に遭ってから、石碑の言葉が胸にぐっと迫る」

水戸辺鹿子躍は宮城県北から岩手県南に広まる行山《ぎょうざん》流の起源として、江戸中期に始まったとされる。行山流は、踊り手が自ら太鼓をたたきながら踊る。

長く伝承が途絶えていた。村岡さんが１９９１年に保存会を結成し、復活させた。

活動を始めて20年後の３月。海辺の集落、水戸辺を東日本大震災の大津波が襲った。

村岡さんは自宅を土台ごと流された。姉夫婦ら親類だけで10人近くを亡くした。

保存会の会員だった22歳の青年と男子中学生も命を落とした。「２人とも一生懸命練習していた。将来にわたって伝承してくれると思っていたのに…」。打ちひしがれた。

悲嘆と苦悩が覆い尽くす中で、鹿子躍は希望の光明となった。集会所に保管していた太鼓12個のうち、11個が津波に流されずに見つかった。

２０１１年５月。多くの町民が避難していた登米市内でのイベントで、震災後初めて鹿子躍を舞った。水戸辺の人々は涙を流した。

震災から間もない時期で惨状は生々しかった。日常を取り戻せるような状況とは程遠い。それでも踊った。「死者を供養するための芸能だからだろう」と村岡さんは言う。

鹿子躍と共にある日々が再び続くと、自らの人生に地域の歴史が重なり合ってきた。海と向き合いカキやホヤの養殖に打ち込んだ自分。先祖のころはまだ養殖はしておらず、山に親しみ、養蚕で生計を立てていた。現在も過去も、大津波を前に住民はなすすべがなかった。

海と山に抱かれた三陸の人々は、自然と密に関わって生きている。

ふと見覚えのある供養碑の言葉を思い、かみしめた。「だからこそ、生きとし生けるものの供養のために踊りを納めるのではないか」

鹿子躍は鹿頭《ししがしら》をかぶった８人が一組になって舞う。それぞれの太鼓から鳴り響くのは厳しい風土に耐え、暮らしてきた東北の民の魂に他ならない。

▶水戸辺鹿子躍の供養碑を見詰める村岡さん。踊りの原点に思いをはせる

第5部　惑う福島

東京電力福島第1原発事故は人々の営みを
引き裂いただけでなく、福島の精神風土を
も揺るがした。
放射能汚染という難題に、祈りや魂はどう
向き合うのか。
不条理な苦境にあえぐ地に立った。

（2015年3月30日～4月3日掲載）

（1）成仏できるわけない／「百姓はもう終わりだ」命を絶った父

「おやじは成仏しただろうか」。須賀川市の農業樽川和也さん（39）が虚空に問う。無理だと思った。「布団の上で死ねなかったんだから」

東京電力福島第1原発事故から約2週間後の朝、父久志さん＝当時（64）＝は自宅の裏で自ら命を絶った。遺書はなかった。放射性物質が拡散する中、将来を悲観したとみられる。着ていた上着のポケットに携帯電話があった。内蔵された歩数計はその日、６８０歩近くを示していた。

「丹精込めて育てたキャベツを最後に見て回ったんだろう」。和也さんは推し量る。

久志さんは原発の危うさを前々から口にしてきた。そして２０１１年3月12日。原発で起きた水素爆発のニュースを見てつぶやいた。

「もう福島の百姓は終わり。何も売れなくなる」。口数が減り、朝になると吐き気を訴えた。農業を継いでくれた和也さんに「おまえを間違った道に進ませた」とわびた。

◀土作りに力を注いだ亡き父の意志を継ぎ、農作業に励む樽川さん＝須賀川市

土作りに力を入れ、自慢の野菜を学校給食に提供してきた。キャベツ7500個の出荷を控えていた。

23日、自宅にファクスが届いた。キャベツを含む結球野菜の出荷停止を伝える文書だった。夕食後、久志さんは珍しく自ら食器を洗った。

亡くなったのは翌朝だった。目に見えぬ放射能の汚染が、出口の見えない困難を突き付けた。生きる力を奪い去った—。

原発事故に起因するとしか思えない死なのに、当初は震災関連死には該当しないとされた。

そうした中で和也さんは12年6月、東京電力に慰謝料を求め、裁判外紛争解決手続き（ADR）を申し立てた。「原発事故さえなければおやじは死なずに済んだ」と訴え、謝罪を求めるためだった。

1年後に和解が成立したものの、東電は謝ることは拒んだ。今に至るまでおわびはない。和也さんは憤怒の表情を浮かべる。修羅のように。

「線香一本上げに来ないのは人として間違っている。おやじが浮かばれない」

妻美津代さん（65）は和也さんと農作業をした後、久志さんが残した携帯電話を握りしめる。待ち受け画面のキャベツを見ながら「父ちゃん、一緒に闘ってほしかったよ」と残念がる。

久志さんの死は昨年5月、震災関連死としてようやく須賀川市から認められた。「父ちゃんは成仏しただろうか」。美津代さんは自問し、すぐに首を振る。「できるわけがない。元のきれいな福島が戻ってこない限りは」

理不尽に追い詰められた命。さまよっているに違いない魂。夫の無念をかみしめ、怒りに震える。果たせぬ成仏を思う家族の心もさまよっている。

（2）戻るまで翼で魂包む／教会堂は鳥を模した 故郷に頭を向けて

翼を広げた新しい教会がいわき市にある。60キロ離れた故郷、福島県大熊町の福島第1聖書バプテスト教会を向く。

福島第1原発事故後の2013年5月、教会は避難先のいわき市で再出発した。

上から見ると、鳥が羽ばたこうとしている姿のようだ。「翼の教会」と呼ばれる。建物の最も大熊寄りにあるのは、鳥の頭頂部に位置する「天望室」。仮の納骨棚を設けた。東日本大震災の後に亡くなった教会員ら10人の遺骨や遺影が並ぶ。

大熊の教会は帰還困難区域に指定され、立ち入りが制限されている。「天国と故郷に一番近い天望室で休んでほしい」。牧師の佐藤彰さん（58）が思いを語る。

大熊にも立派な納骨堂がそのまま残っている。原発から約5キロ。08年に建て直した教会の敷地内の別棟にあり、約50人の骨箱が眠る。

ここは床に大理石が張られ、ステンドグラス越しの光が温かく照らす。クリスマスや夜の集いは電気をつけ、生者と死者が同じ敷地の中で一緒に礼拝した。

原発事故で、大熊で日常的に礼拝をすることはできなくなった。帰郷の見込みも立たない。翼の教会では、仮の納骨棚の亡き人と避難生活を送る信徒がすぐ近くにいる。佐藤さんは両者の胸中を代弁する。

「放射線量の高い地域で新たに納骨するわけにはいかない。戻れるまでは、礼拝が毎週ある翼の教会で優しく包まれる方がいい」

13年4月、ほぼ完成した翼の教会で初の納骨式があった。96歳で亡くなった大熊町出身の男性のお別れ会だ。

元海軍将校。原発事故で福島県富岡町の入院先の病院から避難を強いられ、栃木県の老人ホームで暮らした。大熊の自宅には戻れなかった。

「でも避難先で亡くなったことを不幸とは言い切れない」。佐藤さんは説く。

旅立った時、男性の顔は笑っていたと聞いた。

「彼は震災を乗り越えたのではないかと。心の底までは悲しみに沈んでいなかった」

お別れ会では100人近い参列者が賛美歌「神とともにいまして」を唱え、花をささげた。

歌詞の中には翼が出てくる。

御門《みかど》に入る日まで　慈しみ広き　御翼《みつばさ》の陰に　絶えず育みませ　また会う日まで　また会う日まで　神の守り　汝《な》が身を離れざれ

人生の旅路での別れを表した歌だ。御門は天国を表す。天に召すまで神様が守ってくれますように—。歌に込めた願いは災後の教会の歩みと重なる。

礼拝に集う信徒らは思う。望郷の念を帯びた翼をはためかせ、共に帰る日を。

▶翼の教会で賛美歌を歌う日曜礼拝の出席者。十字架の裏にある天望室に亡き人が眠る＝いわき市

（3）それでも神職を全う／水と恵みもたらす大地　まだ清めきれぬ

古里の万物に宿る八百万《やおよろず》の神々と暮らす日々は奪われたままだ。

福島県浪江町は、福島第1原発事故で全住民が避難を強いられた。地元の初発《しょはつ》神社は原発から約8キロ。禰宜《ねぎ》の田村貴正さん（40）は3月中旬、神社に「一時帰宅」した。

東日本大震災で被災した社殿の倒壊を防ぐ応急措置にさえ、立ち入り制限の影響で2年半もかかった。傾いた土台や柱の修復準備にようやく入ることができた。5月にも境内の除染が始まる。

いわき市の神社に勤めながら週1回ほど浪江に通う。初発神社の氏子は県内外に散らばってしまった。連絡が来ても、避難先に新築する住まいの地鎮祭の依頼ばかり。もう浪江には戻ってこないのかもしれない。

2013年1月、父で宮司の友正さん（68）と年始の歳旦祭から神社の行事を再開した。参列者はほとんどない。

神道は神宿る自然に感謝し奉仕する。罪や穢《けが》れを除くため水で手を洗い、口をすすぎお

◀震災で壊れた社殿で備品を片付ける田村さん。
先が見通せない状況に苦しむ
＝福島県浪江町

はらいをする。水と恵みをもたらす大地、森林。全てが放射能にまみれた。

「人が造りだした原発で水や土を汚してはならない。どうやって、どこから清めていけばいいのか」。心身を清めるみそぎは、ずっと地元の川や海でできないでいる。

人々は避難できても、神社の氏神様は土地を離れられない。そばで守れないのがつらい。「遠くから祈りをささげるしかない」。もどかしさが募る。

福島県大熊町の諏訪神社。原発事故の前から、地元で唯一、神職が住んでいた。宮司の武内重賢さん(39)は現在、郡山市に身を寄せる。

複雑な思いがあった。「原発は古いものを大切にする人の心まで変えてしまった」。原発立地の交付金を頼りにまちづくりが進むにつれ、氏子らの心が神社からどこか離れていくような感じを覚えた。

経済振興の柱と言い聞かせ、原発を受け入れ始めてもいた。11年1月には、本殿の前に掛ける神前幕に初めて「原発安全」の4文字を入れた。皮肉にもその2

カ月後、原発事故が起きた。

原発がある双葉郡からは神職がほぼ消えてしまった。武内さんは使命感が湧いた。教員との兼職を3月限りで辞め、神職に専念する。当面は他地域の神社と兼務し、大熊での再興を期す。

原発の廃炉作業が終わるという40年先を見据える。「神社を残すには今から動くしかない。後は次の世代に託す」

霊魂が永住する「高天原《たかまのはら》」の神々は福島に何を思うか。天空を仰ぎ、そんな問いを放つ。

（4）供養の場は守らねば／たとえ全ての檀家が古里を離れても

福島県浪江町の共同墓地。真新しい墓石の前に、町内の清水寺の住職、林心澄《しんちょう》さん（47）が立つ。寺は福島第1原発から約10キロ。事故後、避難生活を送っている相馬市から駆け付けた。

「お勤めさせていただきます」。引磬《いんきん》と呼ばれる鐘をチーンと鳴らす。檀家《だんか》4人が静かに見守る中、読経が始まった。

浪江町は原発事故で立ち入り制限が続く。東日本大震災から5度目の春彼岸を迎えた共

◀新しい墓の前で魂入れの法要を営む林さん。
静かな共同墓地に読経が響いた
＝福島県浪江町

同墓地は、倒壊した墓の復旧が少しずつ進む。

林さんはこの日、新しい墓に先祖の魂を宿す「魂入れ」を頼まれていた。「立派な墓ができて良かったね」。４人に語り掛ける。

依頼したのは南相馬市に避難している左官業山田利正さん（64）。浪江の先祖代々の墓は寺から約１キロ先にあり、放射能汚染で帰還が長期的に困難な地域とされた。

このためことし３月、町内の隣の地区にあった共同墓地に墓を建てた。１キロ近く離れた居住制限区域のここなら、防護服を着なくても入れる。

「これで俺が死んでも息子たちは墓参りできる」。読経が終わり、山田さんはほっとした表情を浮かべた。

清水寺の檀家約５００軒の大半は原発事故で故郷を追われた。二本松、福島両市や首都圏に散り散りになった。

林さんは葬式や法事があれば、相馬から各

地にマイカーを走らせる。３月は郡山市に身を寄せた檀家の依頼で一戸建ての新居に行った。新しい仏壇に魂を入れた。

避難した先の次の住まいに移る檀家が増えてきた昨年あたりから、魂入れが多くなった。

「仮設の入居期限が迫れば、もっと依頼が寄せられるのではないか」

檀家の暮らし再生の足音は感じる。でも浪江を離れる現実を次々と突き付けられ寂しい。「新天地に移っても菩提《ぼだい》寺を頼ってくれるだけでありがたい」。そう自らに言い聞かせる。

新潟県生まれの林さんは、高校時代に出会った僧侶の教師に感銘を受けて仏道に進んだ。約20年前に清水寺の跡取りに迎えられた。

檀家との付き合いが深く、自分の名前を冠した「心澄会」という同年代の親睦会もあった。寺の青年部を設ける話が持ち上がったころ、原発事故が起きた。

離散し、墓は残しても生活の場を町外に移す檀家が相次ぐ。住職一人の力でこの流れを食い止めるのは難しい。

「たとえ誰も住まなくなっても、墓がある限りは自分が残る」

先祖供養の場をここに保つことが精いっぱいの使命―。縁あって住み着いた地で覚悟を決めている。

（５）痛恨の絵馬が揺れる／命守る獣医師　家畜５０００頭涙の処分

カラン、コロン。

無人の境内で、絵馬掛所につるした絵馬が風に揺らぐ。

相馬小高神社は、南相馬市小高区の中心部に程近い場所にある。この辺りは福島第1原発事故のために、今も避難指示が続く。

数十枚の絵馬には、放射能汚染のせいで安楽死や餓死に追い込まれた家畜への哀悼の言葉がつづられている。

「安楽死した御霊《みたま》は忘れはしない。きみたちの死は無駄にしない事を誓う」

絵馬が奉納されたのは昨年5月11日。犠牲となった家畜の慰霊祭が神社で営まれた。

依頼したのは福島県県北家畜保健衛生所の所長だった獣医師、紺野広重さん（60）＝3月末で退職＝。職務として安楽死処分に関わった。

「過酷な業務で心に傷を負った職員が多い。けじめとして慰霊祭をお願いした」

県職員ら約40人が参列。境内の畜魂碑《ちくこん》に向かって弔った。人々が避難した後に残され、命を絶たれていった無念さを思いながら。

衛生所の獣医師は本来、家畜の伝染病予防や衛生面向上が主な仕事だ。原発事故を受け、国の指示で20キロ圏内の家畜を死に追いやる全く逆の業務を強いられた。

家畜は出荷できなくなったばかりでなく、立ち入り制限のため餌を与えられない。せめて餓死を免れさせようと畜舎を開けたままにする農家も現れ、県職員らは野に放たれた牛や豚を捜した。

「民家が踏み荒らされる被害が出ていた。安楽死も復興のためと自分に言い聞かせるしかなかった」。紺野さんは10回以上、防護服に身を包んで現場に赴いた。

飼い主が見守る中での光景が忘れられない。連れてきた牛に鎮静剤を打ち、注射による投薬で安楽死させた。

「飼い主は携えた花を埋葬地に供え、手を合わせていた。私らもつらくて…」

原発事故が引き起こした理不尽な死。誰も望まない仕事は昨年初めまで2年8カ月続いた。安楽死したのは牛1692頭、豚3372頭。畜舎で餓死する例も相次いだ。

処分に携わった職員の心はすさんだ。その一人は「自

分が死んだら地獄に落ちると思った」と明かす。家族が同じように安楽死される夢を見たり、酒の力で現実から逃れたり。それぞれが苦悩した。

「慰霊祭をしても自分たちの行いは消えないが、少しでも気持ちが和らげば」と紺野さん。尊い命をやむなく絶った重荷を背負い、犠牲の先にあるものを思う。

「犠牲」の二文字に宿る牛は、神にいけにえとしてささげられた家畜の象徴でもある。原発事故という人災で、家畜と引き換えに人々は何を得ようとしているのだろうか。

▶「鎮魂」「哀悼」「平安」。
絵馬には家畜の安楽死に携わった
福島県職員の悔悟の念が込められている
＝南相馬市

○連載に寄せて／宗教学者　山折哲雄氏

予期せぬ変化満ちる／愁う人　支える人　壁は消え

あれから四年が経《た》つ。大地が揺れ、津波が襲ってきてから、何が変わったのだろうか。何よりも、災害記憶の風化がはじまっている。「東北」忘却の勢いに加速がつきはじめている。とりわけ激震地・荒廃地の周辺からは、ヒトやモノやカネの流れが引き潮のように引いていく。

非情の歳月が演出するどうしようもない変化である。予測されていた変化だ。誰でも心の奥底で覚悟していた変化である。

だが不思議なことに、そこには同時に思いもかけない衝撃的な変化がともなっていた。本紙（河北新報）にレポートされたシリーズ「挽歌の宛先」がそのことをつぶさに明らかにしていることに、私はあらためて気がついた。

それには、三つある。

一つは、見守る側と見守られる側のあいだの壁が急速にとりはらわれていった変化だ。

悩みや苦しみを訴える者とそれをただ聴くほかなかった者のあいだのへだたりがみられなくなった。介護する者、それを受けとる者のあいだの不均等な関係が崩れていった。そのことが、被災した宗教者たちの苦悩と迷いの告白のなかに印象的に語られている。衆生病む、ゆえにわれ病む、である。それが胸をうつ。

第二が、生き残った者たちの前に死者たちの生々しい声や姿があらわれはじめたという変化である。

深く傷ついた災害地の人々は、そのような死者たちの声や姿に接して、それをもはや幻想とか幻覚とかいう言葉に置きかえようとはしない。

そもそもこれらの言葉は、この世には存在しないものを実在するかのように錯覚する現象をさす。だが災害地にあらわれる幽霊や、海や山のかなたからきこえてくる声や呼びかけは、もはやけっしてたんなる幻でもなければ、かりそめのイメージでもない。

それは家族の肉声そのものであり、生者の隣人のリアルな姿である。そのことを証言する舞台に立つのが、死者の思いをこの世にとどけるイタコさんやオガミヤさんたちだった。こうして仏おろしや魂呼ばいの過去の伝統が蘇《よみがえ》ったのである。

第三に、ヒトと動物をへだてていた柵がみるみるとりはらわれていった。

福島原発の事故により、飼育されていた大量のウシ、ウマ、ブタなどの生きものたちが飢餓のなかに置き去りにされ、野生化の道に追いやられた。やがてかれら生きものたちは「安楽死」という名の悲しい運命を引き受けさせられる。

以前、九州の地で口蹄疫《こうてい》の事件が発生したときのことが浮かぶ。大量の生きものたちがつぎからつぎへと「殺処分」にされていった。たしかにさきの「安楽死」といういい方には、この「殺処分」という冷たい法律用語の感触にくらべれば、ヒトと動物の差異をのりこえようとする優しい配慮のあとがみえる。

けれどもその動物たちの、かならずしもわれわれの耳にはとどかない悲鳴の声は、日々放射能の脅威にさらされている原発被災地の人々の不安と動揺の思いにそのまま重なってきこえてくるようだ。

あれから四年。いったい何が変わったのか。われわれは今後も、その変化の背後にあるものをしっかり見定めていかなければならないのだろうと思う。

第6部　それぞれの死生観

牙をむいた自然が多くの大切なものを奪った東日本大震災は、死と生を根源的に問い直した。

解けない苦しみ、生かされたことの意味…。

再生を信じ、祈りと思索が続く。


（2015年4月19日～28日掲載）

（1）無常抱え自然と歩む／恵み与える慈母、時に厳父となる

気仙沼市出身の宗教人類学者佐々木宏幹《こうかん》さん（84）＝横浜市＝は震災直後、被災地で古老が発した一言を今もかみしめる。

言葉の主は、大津波で家族と自宅を失った岩手県沿岸部の男性。海を眺め、つぶやいた。

「自然のやることだから仕方ないなあす」

佐々木さんは、海の近くで暮らす人々にとって津波は完全には逃れられないという諦念を感じ取った。

そして、思い起こした。文筆家で物理学者の寺田寅彦（1878～1935年）が「天然の無常」と呼んだ日本人の自然観のことを。

寺田は最晩年に著した随筆で、日本の自然は人々に恵みを与える「慈母」でありながら、時には災害を引き起こす「厳父」になると説いた。

無常とは、万物は絶えず移り変わっていることを意味する。無常観が根底にある仏教が定着したのは日本人の自然観と調和したからだと、随筆に記されている。

◀海は恵みをもたらす慈母であり、災害を起こす厳父でもある。
日本人は自然の二面性に無常を見いだす
＝気仙沼市

「天然の無常は遠い遠い祖先からの遺伝的記憶となって五臓六腑《ろっぷ》にしみ渡っている」とは寺田の指摘だ。

佐々木さんは語る。「寺田の言った通り、仏教者だけでなく市井の民にも『天然の無常』が宿っていた。そこに深い感銘を受けた」

震災の後、海外の人々は避難所で暮らす被災者の振る舞いに驚いた。極限状態にあっても争いが起こらず穏やかに過ごす姿が、世界には不思議に映った。

「日本人は意識する、しないにかかわらず無常を生きている」と佐々木さんは言う。

気仙沼の寺に生まれ、高校時代まで過ごした。海と山に囲まれた地で四季を感じ、日常的に仏教に触れる中、自身の心の中にも無常観が育まれていった。

佐々木さんは無常だけで被災者の心情を捉えられると思ってはいない。震災から4年がたっても、大切な家族の死を受け入れられない遺族がたくさんいるからだ。

「宗教者や親しい人がひたすら遺族らの言葉を聴き、互いに沈黙し続ける間に死を納得する時が来る。無常のことわりを説くのはそれからでいい」と静かに話す。

震災後に心に刻んだ言葉がもう一つある。

震災の発生からまだ日が浅い春。津波で甚大な被害を受けた陸前高田市の地で、老婦人が2本ばかり残った梅の木を見て言った。

「何もない所に紅梅の花が咲いた。ありがたいことです。頑張らなきゃ」

「滅しては興る。これもまた無常の感覚だ」と佐々木さん。

古里の麗しい風景、信心が厚い人々を思い出しながら、被災地全ての再興を願う。

(2) 死者は実在　心の中に／最果ての霊場　弔う人々は絶えず

恐山菩提《ぼだい》寺は青森県下北半島の霊場・恐山にある。境内は、まるで極楽浄土のようだとされる宇曽利《うそり》湖とそのままつながっている。

この寺で住職代理を務める南直哉《じきさい》さん(56)は、忘れられない出来事を思い出す。東日本大震災から数カ月後のことだった。

髪を金色に染めた若い男性が来て切り出した。「あの、塔婆の供養したいんすけど」

申込書の住所欄に「気仙沼」とあった。差し出した紙切れに書かれていたのは二つの戒名。一人は女性、もう一人は女性が身ごもったまま命を絶たれた子の名だった。

◀霊験あらたかな恐山。
宇曽利湖も湖畔近くにある恐山菩提寺も、
死者と生者が思いを交わす場となる

男性は、仙台で働いている時に結婚したと話した。女性は古里の気仙沼で出産を待つ中、津波にのまれたという。

法要の時刻を伝えると、「あ、そうすか、じゃ、どうも」と軽い感じで返事をした。

男性の雰囲気や物腰から、南さんは推し量る。「一人で恐山まで供養に来るようなタイプではない。大切な家族を突然亡くした衝撃が彼の行動を変えたのだろう」

この世を去った死者は、残された者の考えや行動に影響を与えると考える。「ならば、死者は他者と同じように実在する」と死生観を語る。

長野市生まれの南さんは福井県の曹洞宗の大本山・永平寺で20年近く修行した。恐山菩提寺に入って10年になる。

死後の世界や霊魂はあるのか—。永平寺にいたころは、あるともないとも答えなかった。仏教の開祖ブッダも、この問いには「無記」と呼ばれる沈黙をひたすら貫いた。

死んだことのない人間が「ある」とは言えない。古今東西のさまざまな先人が語ってきた死後の世界を「ない」とも断定できない。両者の溝を沈黙が埋めた。

だが、恐山には無記だけでは割り切れないものがあった。亡き人への供え物を持って遠くから来る遺族。イタコの口寄せを求め何時間も並ぶ人々。思いはとても強い。


南さんは考えを深めるうち、ふと気付いた。「死者は実在するんだ」と。そう捉えると恐山に宿る死と生の精神性がごく自然に理解できた。

「人は死んでも、残された者の思いの中にはっきりと存在する。時には生者以上の現実感を持って心に現れる」

だからこそ、恐山には人が絶えない。震災があった年は冬季閉鎖が解けた5月1日から被災者が足を運んだ。昨年も被災地から多くの遺族が来た。

死の重みは、亡くなった人と大事な関係であるほど増す。「生者の持ちきれない思いを預かる場こそが恐山だ」。南さんは言い切る。

いとおしい人を失った悲嘆は尽きない。最果ての霊場は人々に求められ続ける。

（3）魂は山で生きている／山伏は信じる「人も自然の一部」

波音にかき消されまいと鎮魂のほら貝を一層強く吹く。

福島県相双地方。多くの命を奪った海と、魂が帰る山を祈りでつなぐ。

鶴岡市羽黒町の星野文紘さん（68）は山を敬う羽黒修験道の山伏だ。東日本大震災と東京電力福島第1原発事故に遭った地に、山形から今も通い続ける。

向かう先には、古くから信徒が多く住んでいた。加持祈禱《きとう》で毎年冬に訪ねてきた浜通りに、津波が襲い掛かった。

「自然には二つの顔がある。生きる恵みを与えてくれる聖性《せいせい》ではなく、魔性を感じた」

震災から1カ月たった2011年4月中旬、相馬市や南相馬市を歩き、初めて惨状を目の当たりにした。亡くした身内の弔いすらできない。親類の行方が分からない…。打ちひしがれる姿があった。

信徒約300軒の半数とはいまだに連絡が取れない。震災と原発事故は、信徒との関係を引き裂きもした。

犠牲者を供養しようと、星野さんは11年6月、相馬で護摩をたく火祭りを開いた。10月には月山の山頂に魂を鎮める経塚を建て、国内外から寄せられた1万3000巻近い写経を納めた。

羽黒山の麓の手向《とうげ》地区で宿坊を営む。宿坊内の神前で毎朝、被災地を思い祝詞と般若心経を唱える。

羽黒山、月山、湯殿山の出羽三山は、東北や関東を中心に広く信仰を集める修験道の聖地。修験者は、人は山で再生すると考える。死者の魂は月山にいると信じる。

「肉体は土に帰るけれど、魂は山で生きている。祖霊神となってわれわれを守ってくれている」と星野さんは言う。

雪に閉ざされ死の世界を思わせる冬。春は雪解け水が大地を潤し、緑と食物を育む。山に生死の循環を見いだす。

人は自然の一部——。修行では一つの真理にたどり着く。

山伏になるための修行「秋の峰入り」は、まずは自らの葬儀を営み「死者」となって山に入る。そして新たな生命となって母胎に宿り、苦行を積んで、生まれ変わって山を出る。

「自然は人知を超えるから神として祈る。経済至上の世の中では目先の利益や便利さばかりが優先され、その感覚が忘れ去られてしまった」

宿坊の13代目となって約40年。山に行くたびに気付きがある。「荒々しい自然の力と混じり合い、野性を取り戻す。考えるのではなく感じる。見つかるものは人それぞれに違う」

型通りの正解がないからこそ生きる意味がある。自然がそう教えてくれた。

◀山伏の白装束姿で羽黒山を登る星野さん。
巨大な杉木立に囲まれ、自然の力を感じ取る
＝鶴岡市

人と人、山と海、死と生。山伏はそのつなぎ役だ。「どう死ぬかを考えることはどう生きるかにつながる」。内なる自然に問い掛ける。

（4）生の尊さ忘れないで／砲撃と津波に見舞われた街で叫ぶ

「神も仏もない」。がれきで覆われた集落を見て、子どものように泣きじゃくった。

東日本大震災から100日後、和田乙子《おとこ》さん（85）は、釜石市鵜住居町の自宅跡にやっと立つことができた。

津波で町内会の仲間ら200人以上を失った。自宅を流されたが、震災発生時は市内の高齢者専用アパートにいて難を免れた。心の整理をつけ、自宅があった場所を見に行くのに3カ月以上かかった。

「あの時と同じ」。1945年の光景が重なった。太平洋戦争末期、米英連合軍艦隊の艦砲射撃を2度受け、廃虚と化した釜石の市街地だ。

最初の射撃があった7月14日。大槌高等女学校1年の和田さんは日本製鉄（現・新日鉄住金）釜石製鉄所の工場にいた。学徒動員で駆り出され、れんがを運んでいた。

昼すぎ、サイレンが響いた。同級生ら約50人と近くのトンネルに逃げ込んだ。高さ約2メートルの空間。太平洋沖からの砲撃が続いた2時間以上、死がそばにあった。ドガン、ドガン、ドガン。ごう音が至る所を襲う。今落ちるぞ。今死ぬのか。恐怖が全身を貫き続けた。

砲撃がやみ、トンネルを出た。直撃を受けた防空壕《ごう》から死体が担架で運び出された。歩いて鵜住居の自宅に向かう途中、地面に手や足が落ちていた。

2度の攻撃で降り注いだ砲弾は5340発以上。死者は750人以上、3000軒近くが全焼した。

戦災から長い歳月を経て、釜石では震災が再び多くの命をさらった。目に映る惨状は似ているが、悲劇の本質の意味合いは違うと感じている。

「震災は天がやったことで避けられず、恨むことはできない。戦争は人が起こすもの。絶対に止められるし、絶対に許されない」

◀釜石艦砲射撃から自分を救ってくれたトンネルで当時を語る和田さん。
多数の命を奪った戦災と震災で異なる意味をかみしめる
＝釜石市

釜石医師会の事務員を勤め上げた後、和田さんは震災前まで約20年間、市内外の小中高校で戦争体験の語り部を続けた。「青春を奪われたあのころと同年代の若者を戦地に送りたくない」。戦争のむごたらしさと愚かさを説いた。

語り部として訪ねた学校の子どもたちの感想文を基に反戦の本を出そうと考えていた。だが自宅で大切にしていた段ボール約10箱分の原稿を津波に奪われてしまった。

自然が相手の震災は諦めがついても、戦争への思いをつづった感想文を失ったことは諦められない。「悔しくて死にきれない」と無念がる。

戦後70年。記憶の継承が危ぶまれる。声を荒らげる。

「あの光景が頭から消えないんだから、私の中で戦争は終わっていない。忘れてほしくない。泣きたくなるよ」

二つの大きな災い。多くの死が刻んだ生の尊さ。風化にあらがい、叫びを重ねる。

(5) 一瞬一瞬の命慈しむ／安置所の死者　思いが残った表情だった

遺体安置所におびただしい死が押し寄せる。慟哭《どうこく》が静寂を切り裂いた。

◀宝林寺の本堂で読経する木村さん。
「震災で多くの死と直面し、信仰がより強まった」
＝仙台市太白区

仙台市太白区の宝林寺住職木村敏さん（55）は東日本大震災で、名取市職員として９１１人の死者を送った。

震災時は廃棄物処理を担うクリーン対策課長。「多くの人が亡くなっただろう。坊さんの私がやらずに誰がやる」。所管外の安置所運営に手を挙げ、職員総出で当たった。

安置所となった体育館は震災翌朝から３日で遺体が収容しきれなくなり、より広い旧ボウリング場に移された。

驚いた顔で逝った若者、手足をくの字に曲げて固まった高齢者。見つかったままの死後硬直を解かなければ、ひつぎに納められなかった。

苦悶《くもん》、無念、恐れ。臨終のお勤めで見る遺体の表情とはまるで違う。「死の自覚を感じない。思いが残った死者だった」

死者の尊厳を守るため方々に声を掛けた。ひつぎをかき集め、納棺師を秋田市から呼んだ。検視の後、死に装束と死に化粧で整えて納めた。

若い母親が訪ねてきた。赤ん坊を抱いていた。亡きがらだった。津波に遭った際に手を離してしまい、必死で捜したという。「検視してほしい」とだけ言った。

非情の光景に心が壊れそうになった。そんな時、死んだと思っていた海沿いの閖上地区の知人と再会し号泣した。

死と生が目まぐるしく交錯する日々。現実感がなくなった。遺体を淡々とモノとして処理する感覚に陥りもした。罪悪感は今も消えない。

1人で泊まった深夜の安置所は人の気配でざわめいた。真っ昼間の道で見たのは高齢男性と孫娘の幽霊だった。金縛りになると、目前に死者の顔が迫ってくる。「亡くなれば仏となって浄土に帰る。浄土真宗の僧侶としては霊が残るとは認められない。でも…」。心は偽れない。


乱れる心が落ち着いたのは百か日に地元仏教会が宗派を超えて営んでくれた供養祭。法衣を着て、経を読み、弔うことが生きる人の救いになることを身をもって知った。

身なりの整った30代の男性会社員の遺体が忘れられない。いつ目覚めてもおかしくないほどきれいで、死が感じられなかった。

葬儀で唱える蓮如の「白骨の御文《おふみ》」の一節が頭に浮かんだ。

「朝には紅顔ありて　夕には白骨となれる身なり」

津波でまちが失われるなんて誰が想像しただろう。安置所に横たわる人たちはきっと明日が来ると信じていたはずだ。死と生は思いを超える。

「人は自分の思いに関係なく生まれ、生かされる。死の瞬間まで命を大切にしっかり生きる。思いは残された者がつないでいく」

3月で市役所を辞めた。僧侶として、多くの死の証言者として伝えたいことがある。

（6）地縁の人々　悼むため／遺体を家族の元へ　協力惜しまない

「遺体を家族に返さなければ、死者にも残された人々にもむごすぎる」

東松島市野蒜の元郵便局員斉藤均さん（67）が4年前を思い返す。東日本大震災の犠牲になり野蒜地区で見つかった遺体の身元を特定するのに、一人の住民として心血を注いだ。約500人の地域住民が命を落とした。斉藤さんは津波で自宅が全壊した。4カ月後に、再び住めるように直した近くの借家に移り住んだ。

そのころ、がれきの中をさまよう知り合いの男性の姿が目に入った。行方の分からない親戚夫婦を捜していた。

当時、野蒜地区で収容された身元不明遺体が十数体あった。損傷が激しく家族が見ても確認が難しい状態だった。

同じ野蒜で暮らし、夫婦は知らない存在ではなかった。斉藤さんは男性から聞いた特徴や発見場所を踏まえて総合的に判断し、合致しそうな人を絞り込んで警察に知らせた。科学鑑定を経て夫婦と裏付けられた。

「同じ地域で生きた人は自分の人生のどこかで関係があったはず」。協力を惜しまない理由だ。遺体があっても家族に引き取られない状況は無念極まりない。「骨が墓に納められるまでは手伝いたい」

首のこぶ、散歩に携えた携帯音楽のプレーヤー…。警察が公開する特徴や所持品情報と家族からの聞き取りを基に、独自に分析した。10人前後の身元にたどり着く手掛かりを警察や親族に伝えた。

野蒜周辺で見つかった遺体は震災から2年半後の2013年10月、全て身元が判明した。

斉藤さんは、自らの人生の歩みの中に、身元確定に心を砕く理由があると言う。

「普通は、人は死と接するのをおっかながってしまうんだろうけどね」。死を近くに感じながら生きてきた。

5歳のころ初めて金縛りに遭った。写真でしか知らない曽祖父の姿が傍らで見えた。

大人になっても霊魂をめぐる不思議な体験が続く。40代のある日は金縛りとともに亡き母が現れ「お父さんが大変」と助けを求めた。実家に走ると父が倒れていた。救急車を呼び一命を取り留めた。

数年後。仙台市中心部の勤務先を出た途端、雑踏の音が途切れた。「おやじが知らせに来た」。そう思った直後、父の訃報が職場に届いた。

◀津波の爪痕が残る荒れ地を歩く斉藤さん。
近くの被災家屋からも遺体が見つかった
＝東松島市

死を感じるからこそ、死者を悼まずに震災からの再生はないと信じる。軍隊の最後尾で敵の追撃を防ぐ「殿《しんがり》」の役目を思う。この世に残った生者の中で誰かが死者と向き合い、弔わなければならないと考える。

近所では今も７人の行方が分からない。地元の消防団と捜索を続ける。見つかる日まで役目は終わらない。

（７）無念　共に背負いつつ
／声なき５００人　向き合い続けたおくりびと

鶴岡市の事務所の看板に「ＮＫエージェント」とある。

納棺師を描いた映画「おくりびと」の主舞台と同じ名前だ。東日本大震災の後にできたこの看板の会社も、やはり納棺を専門とする。

社長は納棺師として映画の製作に関わった佐々木昭栄さん（44）。死者の体を拭き清め、白装束を着せ、ひつぎに入れる仕事に身を置く。

震災が起きた翌日。別の鶴岡市内の納棺会社に勤めていた佐々木さんは、津波でたくさんの命が奪われた生まれ故郷の仙台市に入った。

遺体安置所の体育館で3週間ほど遺体と向き合い続け、５００人近くを納棺した。

多くの遺体と対面し、強く思った。

「自分もいつ死ぬか分からない。もっと一生懸命生きよう」

鶴岡に戻るや、独立を決意する。震災から2カ月後、ＮＫエージェントを開いた。

◀後進の指導のため、遺体役のスタッフに死化粧をする佐々木さん。震災を機に、自らの生の意味を見つめ直した
＝鶴岡市

震災直後の被災地は、日常的に死に接する納棺師にとっても想像を超える修羅場だった。安置所のあちこちで大切な人を失った家族の叫び声が響いた。

小さな息子を抱きしめたまま絶命した母親。硬直した2人の遺体を離し、それぞれひつぎに納めた。

亡き人一人一人と向き合い、丁寧に旅支度を整えるのが納棺師の仕事だ。

だが、震災直後は次から次へと処置しなければいけない状況だった。

気が立った遺族から「早くこっちもやってくれ」と強い口調でせかされることもあった。「胸が締め付けられた」と振り返る。

震災の2年半前に公開された「おくりびと」は、納棺師として生きる佐々木さんのもう一つの転機だった。

山形県の庄内地方を中心にロケが行われた。製作に当たり、主役の本木雅弘さんに納棺作業を指導した。

映画は大きな話題を呼び、死と向き合うことを避けて通るような高度成長期以降の社会の風潮に風穴を開けた。

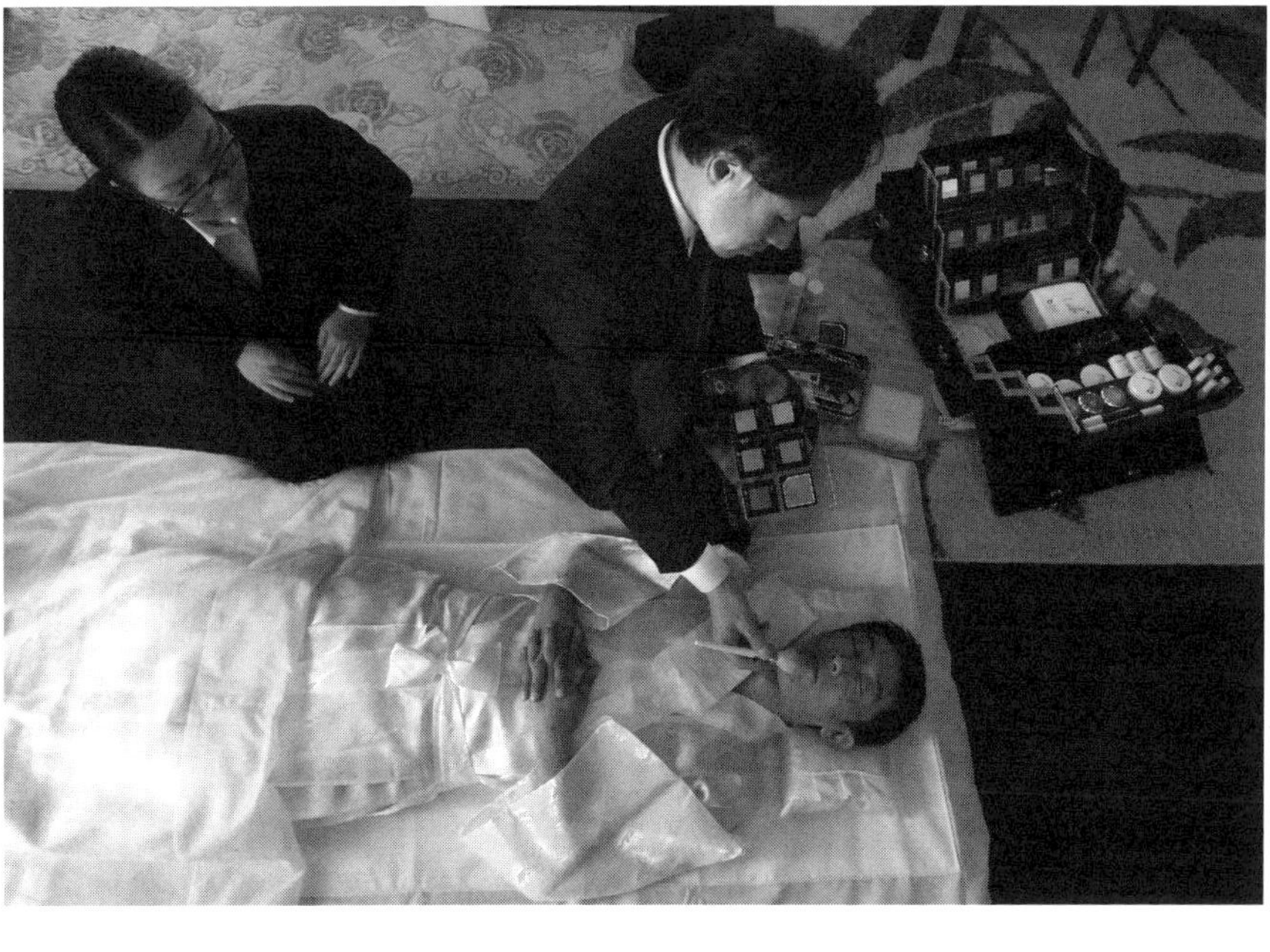

納棺師に対する世間の目も変わった。以前、遺族から「何か悪いことをしたからそんな仕事をしているのか」と聞かれたこともある。映画の公開後は納棺師という職業に理解を示す人が増えた。

佐々木さんが独立した背景には一つの固い意志があった。「納棺の技術だけでなく、思いを備えた人材を育てたい。小さな組織なら自分の理念を浸透させられる」

納棺師に求められるものとは何か。「亡き人と遺族に対する謙虚さだ」と言う。

日々そうした思いを胸に、死化粧を施し、旅立ちを見送る。震災犠牲者の「もっと生きたかった」という無念を背負いながら。

第7部　模索の20年

阪神大震災と地下鉄サリン事件が起き、自殺者が増加に向かい始めた1995年は宗教者の存在が問われた年だった。

東日本大震災で被災者の心に向き合おうとする宗教者たち。

自らの使命を探った20年の軌跡をたどる。


（2015年5月2日～4日掲載）

（1）流した涙　いつか力に／阪神の痛みを連れ、東北で教えを説く

東日本大震災で掛け替えのない人を失った人々に送るのは、800年前に紡がれた親鸞からの「伝言」だ。

神戸市の僧侶鍋島直樹さん（56）は震災1カ月後の2011年4月、被災した宮城県の沿岸に向かった。B6判の小冊子「死別の悲しみと生きる」を200部携え、役場職員の承諾を得ながら遺体安置所で遺族らに渡した。

「悲しい時は涙を抑えなくてよく、時には悲しむ心を休ませる。そして、確かな心のよりどころができると徐々に乗り越えていく」

鍋島さんが思う普遍的な心の持ちようを01年にまとめた小冊子。つづった言葉は鎌倉時代に浄土真宗を開いた親鸞の口伝などに基づく。

南三陸町では小冊子を読んだ役場職員に頼まれて追悼法要を営んだ。縁は続く。町防災対策庁舎で犠牲となった職員の遺族らと共に泣き、たわいない会話で心をほぐした。

「気持ちのよりどころを見つけ、傷が癒えるようになるには時間が必要だろう」

鍋島さんが被災地での活動に力を注ぐのは、1995年1月17日の阪神大震災で味わっ

◀阪神大震災で家族を亡くした門徒の話に耳を傾ける鍋島さん（左）。東日本大震災の遺族とも対話を重ねる
＝神戸市

た無力感が根底にある。

震度7の揺れが神戸を襲い、6434人の犠牲をもたらした。宗教が果たす役割を問い直す契機になった。「大切な人と突然別れた人に語れる言葉がなかった」。苦い記憶をかみしめる。

木造家屋が次々倒壊し、住民は着の身着のままで体育館などに逃げ込んだ。誰もがつらい事情を抱える中、家族を亡くした人は私的な感情を胸の内に抑え込んでいた。

宗教者に何ができるか――。浄土真宗系の龍谷大（京都市）教授でもある鍋島さん。死別に苦しむ遺族と接する僧侶のあるべき姿勢を研究した。たどり着いた答えは傷心を乗り越える親鸞の言葉だった。

鍋島さんはことし4月中旬、神戸市の潮海裕子さん（74）宅を訪ねた。阪神大震災で木造の自宅が崩れ、義父母が命を落とした門徒だ。

時がたち、潮海さんは暮らしの落ち着きを取り戻した。非業の死に沈んだ心も穏やかになったように思う。

7年前に孫が生まれた。成長する姿を見るにつれ、亡き人への新たな後悔が募る。「義父母は孫の成長を喜ん

でいた。もっと息子の学校の話をしてあげれば良かった」。感情は揺れ動く。

鍋島さんが胸中を察する。

「死別の痛みは時間とともに消えると言うが、実際は終わらない。それは悪いことではなく、いつしか優しさや生きる力に転換されていく」

阪神を機に培った僧侶の精神性を胸に、20年後の東北の被災地に立つ。寄り添うことの難しさ、そして大切さは遺族が教えてくれる。

（2）さまよう心　生へ導く／後絶たぬ自殺　読経だけが勤めではない

千葉県成田市の長寿院住職篠原鋭一さん（70）が自殺予防に取り組んで20年になる。東日本大震災が発生すると、心の支えをなくし命を絶つ人が出ることを懸念した。すぐに被災地に向かった。

「安心して死ねます」

篠原さんは女性のつぶやきが耳に残っている。震災から間もない宮城県女川町の浜辺でのこと。勤めていた水産加工場の同僚の多くを津波で失い、自殺を考えていた。

海に向かって読経する篠原さんを見て心が静まり、これで犠牲になったみんなのところ

◀仮設住宅に届ける支援物資を整理する篠原さん。自殺予防で培った僧侶の姿勢を被災地で生かす＝千葉県成田市

に行けると言う。

篠原さんは生きる道を促した。「みんなに申し訳ないと思うなら、生きてもう一度、魚の開きを作ってよ」

その後、女性は1年余りで元気を取り戻して水産加工品の販売を始めた。

岩手、宮城、福島の3県に通ううち、篠原さんは被災地の苦悩を感じた。家族を亡くし、自宅を失った心に喪失感が生じていた。住民は離散し地域社会の縁も揺らいだ。

「孤立すると自殺願望が湧く。誰かが声を掛け、思考を生に向けていく必要がある」

そうした思いから、東京電力福島第1原発事故で福島県双葉町の住民らが避難する田村市の仮設住宅を定期的に訪ねる。成田市に身を寄せる避難者との交流も続ける。

自殺者が増加を始めた1995年、自殺予防に本腰を入れるようになった。居場所を見失った青年や生徒指導に行き詰まった女性教師らが寺を訪ね、自殺を考えるまで追い込まれた自らの心情を吐き出した。

相手の話に聞き入り、共に悩みながら、生きる方策を探した。その姿が新聞やテレビで紹介されると、命を絶とうと思い詰めた人々が相次いで訪れた。

自殺者は98年から２０１１年まで14年連続で３万人を上回った。無縁社会という言葉が生まれる時代状況が重なった。自殺が増える中で、僧侶は葬儀でお経を上げるだけでいいのかと疑問を抱いた。

「自殺する前に手を打たなければ、われわれの勤めは死人産業と言われてしまう」

危機感から、宗派を超えた僧侶５人で08年にグループ「自殺防止ネットワーク風」を設立した。翌年にＮＰＯ法人となり、理事長に就いた。

今は全国の50人を超える僧侶が参加する。面会や電話で自殺を思い悩む人々と向かい合う。震災の際はメンバーが遺体安置所で読経し、仮設住宅で傾聴を続けた。

篠原さんが大事にする言葉がある。「生きているうちに寺においでください。死んでからでは遅いのです」

生きる人のためにこそ宗教者はいる。切れかかった縁をつなぎ直そうと災後の東北に足を運ぶ。

（3）救いの宗教はどこへ／抜け出せぬカルトの闇　被災地にも

オウム真理教による地下鉄サリン事件から３月20日で20年になった。テレビでは特別番

◀地下鉄サリン事件から20年の節目に献花台が設けられた東京メトロ霞ケ関駅。心の豊かさを求めた末の惨劇は現在に何を問い掛けるのか
＝東京都千代田区

組が組まれ、当時の教団幹部らが事件を振り返った。

東日本大震災で被災した仙台市の女性は、同居する30代の娘がテレビにくぎ付けになる姿に不安を覚えた。娘は震災後、精神世界に過敏に反応するようになった。親戚の女性にマインドコントロールされたという。「抜け出したくても抜け出せないでいる」。母親として身を案じ、肩を落とす。

娘は仮設住宅にいた2012年末、親戚に連れられ深夜の外出を繰り返すうちに態度が変わった。数カ月後に身の危険を感じて自ら縁を切ったが、心は元に戻らない。

親戚への恐怖心からおかしな言動を繰り返すようになった。暴力的な幻聴におびえて風呂場の壁を壊した。カルトめいた要素が見え隠れする。「すっかり別の人格になってしまって…」。震災で自宅を失ったこと以上に娘の変わりように苦しむ。

「カルト」はもともとは崇拝、祭儀などを意味する。だが今は、極端な思想の宗教団体といった否定的なニュアンスで使われることが多い。

日本脱カルト協会（東京）理事で神奈川県横須賀市の僧侶、楠山泰道さん（67）は、震災の被災者数人から相談を受けた。

ある母親は「娘がカルトに心を奪われて言うことを聞かない」と嘆いた。別の母親は熱心なカルト信者の息子から「お前が入信しなかった罰として友人が震災で死んだ」と怒鳴られ、暴力を振るわれた。

楠山さんとカルトの出合いはオウムだ。信者に終末思想を唱え、人類の救済に3万人の解脱者が必要とあおった。

時代は高度経済成長を経たバブル崩壊前後。モノやカネより心の豊かさを求めた若者が狂信的に引き寄せられ、殺人を肯定してしまう思想をマインドコントロールされた。

その果てに、地下鉄サリン事件が起きた。13人が死亡、６０００人以上が負傷した無差別の宗教テロだった。

楠山さんは訴える。「生きる道を示すのが宗教。誤った道に導くのは宗教違反だ」

貧困、格差拡大…。経済論理を優先する社会は、ともすれば人の心を置き去りにした。カルトは隙間をついて心に分け入り、信奉する人を生み続けているのだろうか。

20年前、オウムの信者が語った。「お寺に宗教はない。寺は単なる風景」。この言葉が何を問い掛けたのかを思う。

楠山さんは警鐘を鳴らす。

「寺が心のよりどころとしてもっと生きる人に向き合わなければ。寺と人々の関係が薄れ、旧来の檀家《だんか》制度が壊れるかもしれない今後20年が勝負だ」

重なる思い　共感のまなざし　読者の手記

「挽歌の宛先　祈りと震災」は、東日本大震災の被災地で生者と死者との心のやりとりを通じて死の意味を見つめ直し、東北の風土に培われた信仰の役割などを探ってきた。
取材班には電子メールやファクスなどで読者から手記や感想が寄せられた。一部を紹介する。

（2015年5月18日掲載）

読者の手記（1）

◎立ち上がれなくても、悲しいままでいてもいいのだ

仙台市青葉区・女性会社員（23）

私は先の震災で大切な友人を津波で亡くしました。

当時はお互い高校生。大学進学を目の前にして突然の別れとなりました。

成人式にも同窓会にもたくさんの友人が顔をそろえるのに彼女の姿はなく、それが信じられず、不思議な感覚のまま大学生活を終えました。

仙台七夕まつりやＳＥＮＤＡＩ光のページェント。彼女と共に過ごしたイベントに足しげく通い、彼女の姿を探すことばかりしていました。

この春、地元に就職しました。震災後、地元にとどまっていた仲の良かった友人も、上京するなどして方々に散りました。

彼女が生きていたらどんな職に就いていただろう、この職に就いた私を喜んでくれるだろうか、などということを日々考えて生きています。

早いもので震災から5年目に突入しました。


◀名取市閖上の日和山で星空の下、津波に耐えた大木の威容が浮かび上がる＝4月

仕方のないことかもしれませんが、世間は震災を忘れているように感じます。世間だけでなく私の周りも震災のことを忘れつつあるように感じます。

というよりも「もう4年も過ぎたのだからいいかげんだらだらと悲しみを表に出すのはやめよう」と、悲しかったことを自分の内に内に、と秘めているように感じます。

恐らく震災について東北以外の多くの人々は関心が薄くなっているでしょう。

あれだけマスコミで取り上げられた関連報道も随分と少なくなりました。その流れに乗って震災の話題を口に出すのをはばかっているように感じます。

私は大学生活の4年間、その友人のことを思いながら過ごしました。

私にとって震災はいつも身近なところにありました。だからこそ震災を忘れていく世間との乖離《かいり》を感じずにはいられませんでした。

そんなとき、「挽歌の宛先」の連載が始まりました。生者と死者の間に横たわるものは何なのか、大切な人

を亡くして今を生きる人々の素直な感情をつづった記事。

今は亡き彼女に私が抱き続ける思いは間違っていないのだと感じ、とても安心したことを覚えています。

言葉は悪いかもしれませんが、大切な人を亡くしたことから立ち上がれないでいるのは私だけではないと知ることで、ずるずる引きずる弱い自分をようやく許せたような気がしたのです。

報道は「震災から前向きに立ち上がる人たち」ばかりを伝えます。もちろん復興には前向きな気持ちが必要です。奮起させるためにもそれは大切なことです。

けれど私のように心のうちで立ち上がれない人もいると思います。悲しいことを震災から4年たった今でも素直に悲しんで良いのだと「挽歌の宛先」は感じさせてくれます。ぜひこれからも連載を続けてほしいです。

読者の手記（2）

◎同じ立場の人　真剣な言葉にホッとした

仙台市若林区・女性会社員（51）

東日本大震災から半年くらい過ぎ、よく沿岸部に震災で亡くなった人の霊が出るなどのうわさを耳にするようになりました。

それは面白半分のような、心霊スポットのような聞いていて気分のいい話ではありませんでした。

仙台市の街中から車で飛ばせば30分ほどの若林区の沿岸部で私は妹と妹の嫁ぎ先の両親を亡くしました。

幽霊でも何でも会えるならその霊が出る場所を詳しく教えてくださいって何度言葉に出したくなったか。

うわさ話をする人は全員震災で悲しみを味わったことのない人でした。仕方ないと思いながらもそんな話を聞くと怒りさえ覚えました。

連載の第3部「『再会』のかたち」（本文57～72頁）を読み、同じ立場の人たちの言葉にホッとしました。冷やかしでもなく真剣な言葉に。

現実に震災で肉親を亡くしたり、家を流されたりした人や何の影響もなかった人とさまざまな人がいます。思いはそれぞれ違うことと分かっています。

でも時間がたつにつれ、その差が縮まることはありません。このような連載に気持ちが楽にさせられる人はたくさんいると思います。

読者の手記（3）

◎手のひらを合わせると不思議に心が和んだ

仙台市泉区・主婦　斎藤浩美さん（55）

中3の時に父を胃がんで亡くした。亡くなった瞬間、父の体から目に見えない何かが天上にふわっと立ち昇ったように感じた。

目をつむり胸の前で自然と手のひらを合わせた。それまで言葉にできなかった「ありがとう」が胸の奥底から湧き上がり、その思いが立ち昇った魂にすーっと届いた気がして悲しい気持ちが軽くなるのを感じた。

「安らかに」。そう願いながら、父の魂と一瞬シンクロしたようなこの不思議な体験が私

◀被災地の公園に備えられた寄せ書き帳。
幼い子が親を追慕して描いた似顔絵だろうか。
柔らかな表情でこちらを見返している
＝2014年12月、石巻市門脇町

SARASA

にとっての初めての「祈り」だった。

東日本大震災で家も家族も無事だったが、刻々と流れる甚大な被害の状況を聞くにつれ、居ても立ってもいられなくなった。

涙ばかりが込み上げてきた。その晩は一睡もできず、窓を開けて何度も空を見上げた。停電になった街の空にこうこうと輝いて見えた無数の星は、一瞬にして命を奪われた多くの方々の魂に見えた。

私は空に向かって手のひらを合わせ目を閉じた。父が亡くなった瞬間と同じ感覚に包まれた。あの時と同じ「祈り」。そう思おうとしたが、涙があふれてきて止まらない。何と声を掛けていいのか思い付かない。「安らかに」と念じるのが無責任で安っぽく感じ、つらさばかりが込み上げた。

震災後、無力感を抱えて迷い苦しんだ時はひたすら無心に手のひらを合わせた。亡くなった多くの方々の苦しみの何分の一も分かることはできないけれど、心に一瞬でも寄り添う努力をしてみよう。そう思って手のひらを合わせると不思議と心が和むようになった。

父の魂とかつて一瞬でも「祈る」行為で通じ合った感覚と、多くの方々がそれぞれの形で「祈り」をささげ続けている事実に触れることが今、私にとって何よりの力強い支えとなっている。

◀宗教や宗派の垣根を超えて慰霊行脚を続ける宗教者。震災の犠牲者に鎮魂の祈りをささげる＝3月、宮城県南三陸町

読者の手記（4）

◎見えなくてもそこにいる、大切な存在

仙台市宮城野区・僧侶　三浦錬浄さん（47）

東日本大震災から7日目に、僧侶としてできることは何かと考え、近くの遺体安置所に行った。中に入ることはできなかったが、入り口で1時間ほど読経できた。近づいてきた人は「津波で流された身内を捜しに来た。お経を唱えてもらい本当にありがたい」と話していた。未曽有の事態に一時は無力感に襲われたが、突然奪われた数え切れない命に対し、今こそ祈ることが重要だと実感していた。

被災地で供養をして回った時はいろいろな人に会った。息子が車椅子のおばあさんを助けようとして一緒に流されたと話したお母さん。最愛の人が津波で行方不明になり、毎日海辺で祈っている若い女性もいた。

石巻市の大川小で供養した時は、ものすごい風だった。風の中に怒り、悲しみ、苦しさ、悔しさの全てが混ぜ合わさったような思いを感じ、恐ろしいほどだった。北上川の橋を通る時は風の強さで渡りきれるだろうかと思ったが、何とか無事に渡ると、ぴたっと風が収まった。

亡き人を供養しながら歩くと、風や雨、虹という姿で気持ちを示してくれる存在を感じる。われわれはその時の自然の姿から、こちらの気持ちを亡き人が受け取ってくれたかを知る。

生きているか、亡くなったかの違いはあっても人間であることに変わりはない。見えなくても、そこにいるのだ。そこに寄り添うことが祈ることの本質ではないかと強く感じる。この世に存在しないから終わりであるなら、先祖供養は必要ない。さかのぼるほど増える先祖が存在していた確かな証拠は、生きている私たちの存在そのもの。一人として例外はない。

そう考えれば、お互いが大切な存在なのは間違いない。「お互いさま」であるのだから、共に生きていきたいものだと思う。

読者の手記（5）

◎あなたを応援しているからね

石巻市・病院職員　成田博美さん（55）

【第1部「魂はどこに」に登場した石巻市の榊美紗子さん（26）に、河北新報を通じ宛てた手紙。榊さんは震災で同居していた家族3人を全員亡くした】

突然のお手紙で失礼いたします。

私の一人娘の絵美＝当時（26）＝は職務中、震災の犠牲になり行方不明です。今もどこかで生きている可能性は捨てきれません。

美紗子さんも独りでここまで乗り越えてきたのですね。お父さん、お母さん、おばあさんは美紗子さんが思う以上に美紗子さんのことを心配しているんですよ。

魂はどこにいるんでしょう。霊の存在を感じたいです。

悲しみは一人ではありません。私とは反対の立場だけど、美紗子さんのことを応援しているからね。

どうかお元気でお過ごしくださいますようお祈りいたします。

第8部　臨床宗教師はいま

東日本大震災の被災地では、信心の立場を超えて生者と苦しみを共にする「臨床宗教師」が生まれた。

被災者や終末期患者らのそばにいて、生老病死の深淵で模索を続ける。

地域社会との新たな関係性を探る宗教者を見つめる。


（2015年5月18日～23日掲載）

（1）自らの役割問い続け／体の痛みは治せない　でも心の声を聴く

鼓動のように人工呼吸器の作動音が寝室に響く。沈黙の中、次の言葉を待つ。栗原市の普門寺副住職、高橋悦堂さん（35）は臨床宗教師として、名取市で寝たきり生活の男性（48）を毎月訪ねる。

男性が声を絞り出す。「前世で悪いことをしたからこうなったんだ」

前世の報いが現世に現れるという考え方は差別の助長につながるとの見方が、宗教者の中にはある。高橋さん自身の死生観とも違う。

でもうなずくように声を掛ける。「前世があるかは分からないけれど、それで気が楽になるのなら…」

その言葉に導かれ男性が心の内を明かした。「来世の自分に苦労させたくない。だから今をしっかり生きるんだ」

首から下を動かせず、寺に行くのは難しい。「死後の世界や戒名のこと。坊さんなら話をちゃんと聞いてくれる」

高橋さんは、東日本大震災を踏まえて東北大が２０１２年10月に始めた臨床宗教師研修の１期生だ。在宅医療が専門の名取市の岡部医院と連携して患者宅に赴く。臨床宗教師としての報酬はない。

寺の長男なので、住職を継いだら檀家《だんか》との関わりを中心に暮らすのだろう――。漠然とそう思っていた。被災者の傾聴活動に取り組む中で生き方が変わった。

震災による多くの不条理な死は、現代の死との向き合い方を社会に問い掛けた。多くの人が病院で医療を施されたまま死ぬ。その過程に宗教者はほとんどいない。核家族化は死を日常から遠ざけた。僧侶でさえ葬送の場や仏事でしか死に触れていなかったと高橋さんは自戒する。

臨床宗教師へと導いたのは、その必要性を震災前から説いていた岡部医院の故岡部健医師との出会いだった。がんで震災後に死の床についた岡部さんから「俺の最期をみとれ」と言われた。徐々に弱り死にゆく姿を見届けた。

生と死のはざまで苦しむ心を受け止めたいと誓った。

仙台市内のホームホスピスにも通う。末期

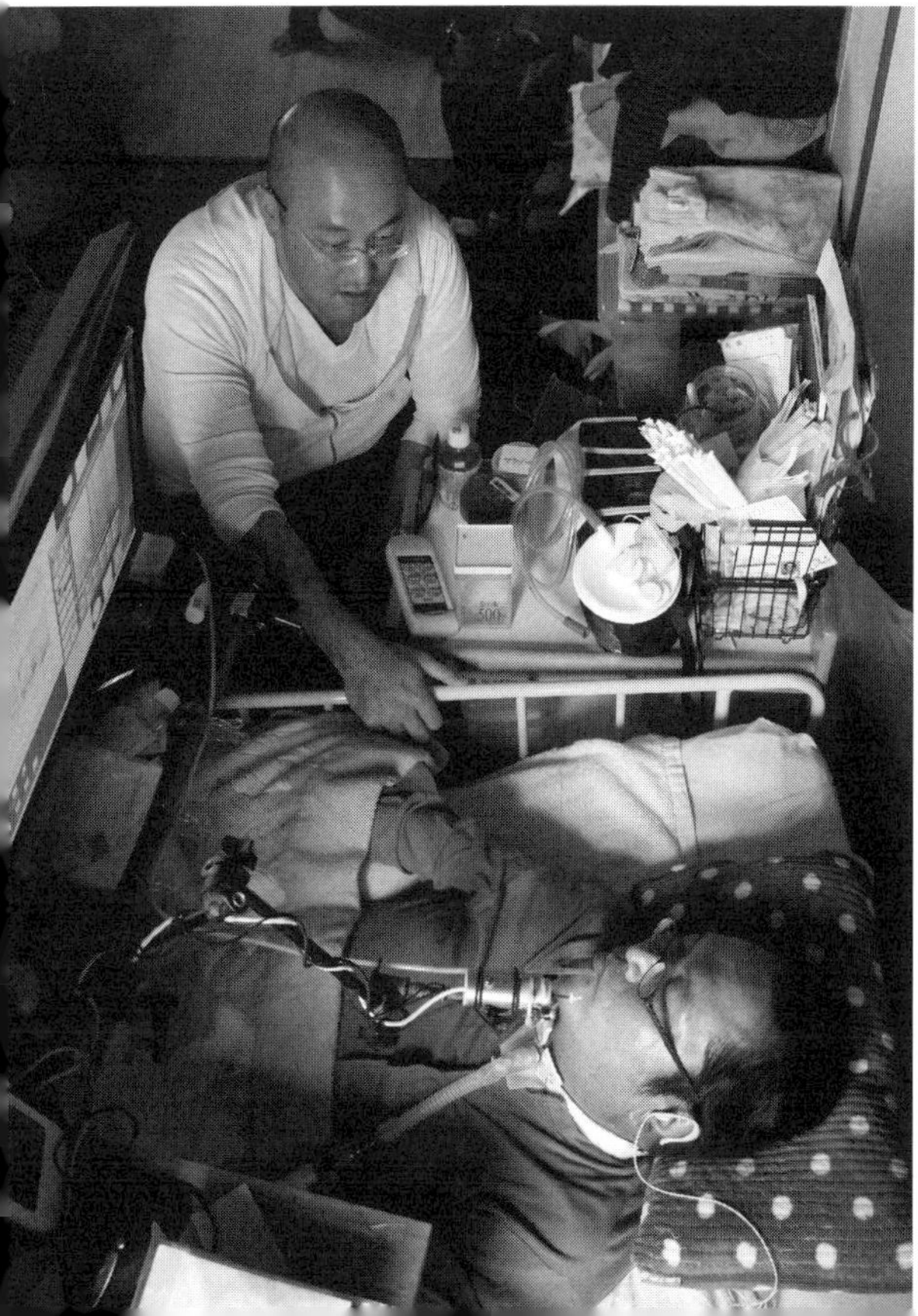

◀15年近く在宅療養を続ける男性を気遣う高橋さん。世間話から死生観までじっくり耳を傾ける
＝名取市

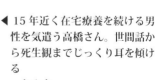

がんの名取市の高齢女性は津波で自宅を失った。女性を助けようと家に戻り亡くなった息子。「親思いだった」と繰り返した。真言宗を信仰する女性は、曹洞宗の高橋さんに真言宗の開祖空海の話を聞かせてくれた。

半年ほど通ったことし2月。意識のない女性の手を握り、「南無《なむ》大師《だいし》遍照《へんじょう》金剛《こんごう》」と真言宗の経文を唱えた。1時間後に旅立った。

病気の痛みを取り除けるわけではない。無力さを思い知ることがある。「支えを必要としている人との一瞬一瞬を大事にする。死後だけではなく、生に向き合いたい」

宗教者は誰のため、何のためにいるのか。臨床宗教師の現場は修行でもある。

（2）命の行方　照らす灯に／医療と宗教　橋渡しの実現後進に託す

時に涙し、時に声を震わせ、車座で言葉を交わす。臨床宗教師を志す僧侶や修道女らを、遺影の男性が見守る。

3月中旬、仙台市太白区の寺院であった研修会。写っているのは岡部健さん。臨床宗教師の構想を生んだ医師だ。

養成のための講座が東北大にできたのを見届け、5カ月後の2012年9月、62歳でこ

◀臨床宗教師研修の会場に飾られた岡部さんの遺影。
在宅医療や被災地での経験から宗教的な支えの必要性を唱え続けた
＝仙台市太白区

の世を去った。

　末期がん患者の在宅緩和ケアが専門の岡部医院を名取市で１９９７年に開業し、約３０００人をみとってきた。

　自らもがんを患った。２０１０年６月、余命10カ月と知った。「一筋の道も一灯の道しるべもなく、真っ暗の闇が広がっているばかり」。死を覚悟した心境を言い表した。

　翌年、東日本大震災が起きた。自ら車を走らせ、被災地に赴いた。東北大在学中からの友人桜井恭仁さん（64）＝仙台市＝が助手席にいた。宮城県庁を退職後、岡部医院の運営法人の一員となった。

　岡部さんは学生寮で出会ったころのように熱っぽく語った。「死に近づくつらさや心の痛みを医者はどうにもできない。あの世を語れるのは宗教者だけだ」。桜井さんは岡部さんの言葉を思い起こす。

　病を治す医師が病院で多くの臨終に接する。家でみとらず、死がともすればタブー視される。そんな現代で患者と家族の心痛をどう支えるか。自問の先に宗教者が見えた。

欧米の病院には患者らの心と魂と向き合う聖職者「チャプレン」がいる。地域の信仰や文化に配慮しながら病床や被災地に立つ日本ならではの「臨床宗教師」を思い描いた。

岡部さんらは避難先を回る「カフェ・デ・モンク」に通った。栗原市の通大寺住職金田諦応さん（59）が11年5月、近隣の僧侶や仙台市の牧師らと始めた傾聴移動喫茶だ。被災者が霊的な体験や死後の世界といった心の奥深い訴えを僧侶らに投げ掛ける姿を見て、岡部さんは宗教者の力を再認識したという。

岡部さんと金田さんは医療と宗教それぞれの立場から命の行方を問い続けた。

金田さんは「私」を包み込むもっと大きな命に私が解き放たれることを死と捉える。医院の看護師1人を津波で亡くした岡部さん。無残に町が奪われた地に立ち「人間とは大きな命につながっているもんなんだ」と感じた。

「死にゆく人には怖がらなくてもいいと語り掛けたい」。2人の思いは重なった。

臨床宗教師研修は19日、7期生20人を迎える。僧侶や牧師、神主ら91人の修了者が全国に巣立った。関西や中部、九州などにも活動は広がる。

ただ、資格制度はなく、社会で身近な存在とも言えない。医療と宗教の間にはまだ壁がある。岡部さんならどんな道しるべを示すのだろう。

(3) いたわり　垣根を超え／信仰は違えど、皆救いを求めている

気仙沼市の金光教気仙沼教会の副教会長、奥原幹雄さん（40）は東日本大震災の支援活動を三陸沿岸で続ける。異なる宗教や特定の信仰を持たない被災者の苦悩を、臨床宗教師として受け止める。

その際、金光教の教えに導こうとはしない。自然なアプローチで相手が奥深くから発する思いに触れようとする。

「サツマイモを持ってきました」。５月上旬、陸前高田市の災害公営住宅に足を運んだ。訪ねた先は２月に仮設住宅から転居した佐藤照子さん（77）。金光教の信徒ではない。津波で長男昇一さん＝当時（47）＝を失った。

「優しい息子と別れ、震災から２年は寝られなかった。涙を拭いたら朝には枕元のティッシュペーパーが１箱なくなった」。佐藤さんの言葉に奥原さんが静かにうなずく。

金光教の被災地支援の一環で行う訪問は、信徒以外に目配りする。「見守っているという思いを届けたい」。臨床宗教師の心構えを生かす。

金光教は1859年に創設された神道系の新宗教。天と地の間の万物を生かし育むという「天地金乃神《てんちかねのかみ》」をあがめる。臨床宗教師は今のところ仏教の僧侶が多い。奥原さんは宗教の幅を広げる存在だ。

気仙沼教会の教師を務める家に生まれ、震災時は東京で会社勤めをしていた。教会を継ぐため2011年4月に帰郷し宗教者の道を歩み始める予定だった。震災が起きて戻った教会は避難者やボランティアの対応に追われていた。

がれき撤去や泥かきを手伝い、教会の向かいの避難所で被災者と炊き出しを共にした。火をくべたドラム缶を囲むと、住民が津波の猛威や犠牲になった身内の話など抱えきれない心情を口にした。

金光教には信徒の悩みや願いを聞いた教師が神に祈る参拝の作法「取次《とりつぎ》」がある。教団ボランティアが被災者の話に耳を傾ける姿は、どこか取次と似ていた。

「作法などのかたち以上に、心を通わせつらい体験を共有することが大切ではないか」。宗教者の原点を被災地で教わった気がした。

12年秋、岡山県の金光教本部で学ぶ中、臨床宗教師を知った。「公共の場で人々をいたわる。求める宗教者像とぴったり合った」。事務局の東北大に連絡し、13年10〜12月の研修に参加した。

被災者の心の奥底に入りきれるか不安はあった。実践を積むと消えていった。

仮設住宅から公営住宅への移行期を迎えた被災地。復興は少しずつ進むが、被災者の心は同じ歩調ではない。

「苦しみは続く。臨床宗教師として少しでも役に立ちたい」。宗教の枠にとらわれない救済の在り方を探る。

（4）掛ける言葉　探す日々／あの日、檀家のそばにいられなかった

生きる人の苦悩を分け持つ臨床宗教師になりたかった。理由の一つに被災者への引け目があった。

東日本大震災から約10カ月たった２０１２年１月、宮城県女川町の照源寺副住職、三宅大哲さん（33）は山門でしめ縄を外していた。檀家《だんか》の男性から声を掛けられた。親類ら数人を津波で亡くしたという。

▶津波で息子を失った佐藤さん（左）の悲痛を分かち合う奥原さん。臨床宗教師の心構えで被災者宅を訪ねる＝陸前高田市

「そうなんですか…」。言葉が続かなかった。

震災時、三宅さんは曹洞宗の研究機関の研修生として東京で暮らしていた。初めて寺に戻ったのは約2週間後。高台にある寺は津波を免れ、避難者を受け入れた。約400人もの檀家が犠牲になった。

研修を途中でやめての帰郷を考えたが、住職の助言もあり、定期的に女川に戻りながら3年間の研修を修了。13年春、住民票を古里に移した。

寺に生まれ、駒沢大4年の時に住職を継ぐ決意を固めた。大学院を経て曹洞宗大本山永平寺（福井県）で修行し、さらに研究機関で学んだ。経験を檀家に還元するためだ。

檀家が苦しみに沈んだ3月11日、その場にいなかった。試練を突き付けられた。「体験した人と同じ気持ちにはなれないかもしれない」。もどかしさを抱え込んだ。

そうしたときに知人の僧侶らから臨床宗教師養成の研修に誘われ、手を挙げた。苦にあえぐ人々に語り掛ける言葉を見つけるためでもあった。

昨年の研修で宮城県内のがん患者の高齢女性宅を訪ねた。「戒名の付け方は宗派によって違うね」と話を振られ、「そうですね」と応じると女性は笑顔になった。

その半年以上前、石巻市の仮設住宅に傾聴で出掛けた時を思い出した。女性から家のもめ事を相談され「地元じゃないお坊さんだから話したんだよ」と打ち明けられた。相手の重荷を減らせる宗教者の可能性に気付いた。

臨床宗教師と名乗って表立った活動はしていない。傾聴で出向く際は宗派の青年会員や

◀JR女川駅で再生に向かう町を眺める三宅さん。臨床宗教師として活動できる日を願う＝宮城県女川町

ボランティアとしてだ。

生と死の問題に心を寄せる存在として臨床宗教師は社会に必要と感じる。活動への意欲はあるが、受け入れてもらえる場とまだ出合えていない。「寺の仕事があり、中途半端ではできない」との考えがよぎり、頭の中でもがく。

芽は出つつある。４月に東松島市の老人ホームに招かれ、入居者らと座禅会をした。研修を終えたことを知った医療関係者が縁をつないでくれた。社会に定着し臨床の場に携わる日を見据える。

やがて寺を任される身。住職としても臨床宗教師としても檀家のそばにいたい。自分の原点である仏教の深奥にその鍵があるはずだと、思いを築く道を追い求める。

（5）人生の意味　紡ぎ合う／ホスピスの僧侶　最期までずっとそばに

僧侶の読経が、ホスピスに一日の始まりを告げる。

新潟県長岡市の長岡西病院に、仏教者が緩和ケアに携わる「ビハーラ病棟」がある。仙台市若林区の昌林寺副住職、松山宏成《こうじょう》さん（31）はことし1月からボランティアを務める。臨床宗教師研修の実習で病棟を訪ねた縁で月1回通い、勤行と傾聴に取り組む。

こうした緩和ケア病棟は東北になく全国的にも珍しい。「長岡に築かれた仏教者と医療、地域の理想的な環境をもっと知りたい」。車で片道4時間の移動は苦にならない。

東日本大震災の津波で、寺と檀家《だんか》が被災した。寺務の傍ら仮設住宅で傾聴に回った経験はあったが、この病棟での活動は相手の反応がまるで違った。

死にゆく患者から「お坊さんが来てくれてありがたい」と口々に言われ、いたたまれなくなった。「救いや癒やしを求める切実な願いに応えられるのか」

病室でお茶を出し、花を換えながら様子をうかがう。あいさつで終わったり、話が尽きなかったりとさまざまだ。

◀ビハーラ病棟の病室で患者に接する松山さん。
そばにいて投げ掛けられる言葉を待つ
＝新潟県長岡市

「失敗は取り返しがつかない。明日会えないかも知れないから」。答えのない死と生の問いのはざまで、限られた命に思いを向ける。

病棟の名「ビハーラ」はサンスクリット語で休養の場所や僧院を意味する。全国に先駆けて1992年に開設した。布教を目的としないその活動は、臨床宗教師に通じる。

「水が土に染みるように風景に溶け込み、自然と声を掛けられるのを待つ」。病院の常勤ビハーラ僧、森田敬史さん（39）は心構えを説く。

かつては僧侶が病院に出入りすることに「縁起が悪い」と否定的な声があった。長岡西病院のビハーラも、自宅に近いからといった受け身の理由で入る患者が多かった。

病棟設立から20余年。地道に活動を続け、特別な目で見られることは少なくなった。森田さんは医療者の理解と地元の宗派を超えた寺院でつくる「仏教者ビハーラの会」の存在が大きいと感じる。

会員の若手僧侶ら約20人が手弁当で森田さんと

朝夕のお勤めを担う。亡くなった後は遺族の心も見守る。「読経を聞き、仏堂で手を合わせると落ち着く」。利用者は安らかな表情を浮かべていた。

森田さんは2012年4月から1年間、仙台に住んで被災者支援に当たった。今は東北大の臨床宗教師研修の講師を務める。

臨床に立つ宗教者の使命とは何か。「最期まで自分らしく過ごせるよう支え、死や人生の意味の答えを紡ぐ手助けをすること」

みとった一人一人が残した言葉と共に歩みを重ねる。

第9部　作家からの伝言

多くの不条理な悲しみと深い苦悩を突き付けた東日本大震災。
人々は祈る意味をあらためて思う。
それぞれの死生観や無常観が言葉を紡ぎ、災後の精神風土を耕す。
被災地と向き合う3人の作家に思いを寄せてもらった。

（2015年6月1日～3日掲載）

◎池澤夏樹さん

亡き人　いつも近くに／幸せに生きてこそ鎮魂

ぼくたちは、つまりこの国に住む人の大半は、死とはこの世界を離れて別の世界へ行くことだ、と考えることにしている。

科学的に言えば死は無になることなのだろうけれど、それでも亡くなった人は遺《のこ》された者たちの記憶の中に残っている。かつて共有したものを通じて、こちらの心の中にその人は生きている。

では今もどこかにいるのだ、と思うのは当然で、だからそのどこかとして別の世界を想定する。仏教の言葉を借りてそこを彼岸と呼んでも、具体的な教義のことなど知らず、ぼんやりとあちら側と思う。

いや、死者はいつも近くにいるのだ。だってその人の記憶はこの自分の心の中にあるのだから。話しかけることができるのだから。

例えば､孫が生まれたことを亡き母に報告する。四つの世代がつながったことを伝える。


〈いけざわ・なつき〉

1945年北海道帯広市生まれ。

88年「スティル・ライフ」で芥川賞、93年「マシアス・ギリの失脚」で谷崎潤一郎賞を受賞。

東日本大震災の被災地に通い、ルポ「春を恨んだりはしない」を刊行。札幌市在住。

生まれた子が一族の誰の面影を引いているか、架空の会話をする。その時、亡き母は、無き母は、彼岸という遠いところではなく、あなたのすぐ近くにいる。

死者が穏やかな顔をしているとはかぎらない。安らかな死ばかりではない。それはつまり本当ならば死には準備が要るのであり、本人が納得した上でというのが望ましいからだ。そうであれば周囲もそれを受け入れやすい。

そうでない場合、唐突に、いきなり奪い去るような死の場合、遺された者は無念という思いをどうしようもない。もういないという事実が理解できない。

いちばん無念なのは亡くなった当人であるはずで、その思いを想像して悲嘆に暮れる。うまく彼岸に渡ることができないだろうと心配する。

ぼくは駅の事故で死んだ子のことを「キップをなくして」という小説で書き、津波で死んだ人や動物のことを「双頭の船」で書いた。死者たちは向こう側への道を探す。遺された者はその実現のための方策を考える。

あれから4年。こちら側に遺った者が幸福に生きることが、唐突に逝った者を慰め、無念の思いを鎮めることである。たぶん、歳月が手を貸してくれるのだろう。遺族とはそういう営みを続ける者のことなのだろう。

◎玄侑宗久さん

不安や怨みと決別を／思考の蓄積 苦しみ生む

「老子」第5章に「天地に仁なし」という言葉がある。簡単に言えば、天地自然には思いやりなどなく、自然災害に遭って死ぬのも生き残るのも100％偶然であり、そこには何らの因果も読み取る必要はないということだ。

東日本大震災から4年以上たった今、私はなおも家族を喪《うしな》った悲しみから立ち直れない人々にこの言葉を贈りたい。

だから生き残ったことに自責の念を感じすぎないでほしいし、そろそろ自然を見習い、津波の翌日のあの凪《な》いだ海のように、蓄積した思いを手放してほしいのである。

蓄積こそが文化じゃないかと、反論が聞こえてきそうだが、たしかにそういう面はあるものの、日本では古来、神道も仏教も鏡に喩《たと》え、思いを祓《はら》い清め、解こうとしてきた。思いの蓄積こそが人間を苦しめることをよく知っていたのだろう。

ある実験によれば、人間は1日に約5万回近くさまざまなことを「思考」するという。

思考の一部は口に出されるものの、ほとんどは表出されることなく、潜在意識に記憶される。そして潜在意識は、反論も批判もすることなくそのまま受け止め、その思考を実現するため、四六時中働いているのである。われわれが何を口にし、何を思考するかが人生を決めると言っても過言ではない。

おそらく今、被災地に住む人々の心を占めるのは、さまざまな「不安」に違いない。なかには「怨《うら》み」という人もいるかもしれない。「不安」も「怨み」も、思考の蓄積が生み出す人類最大の敵である。敵はすでに外部にはおらず、われわれの内部で増殖しようとしているのだ。

2、3日で戻れると思って自宅を離れ、4年も戻れない人々。震災後に自殺した人の家族。2年8カ月もかかった牛や豚の安楽死にいや応なく従事した獣医さんたち。各地で霊媒の方々に家族を降ろしてもらう家族…。そんな人々に「不安」や「怨み」を抱かないでと言っても、難しいことは百も承知である。しかしそんな人々だからこそ、これ以上苦しみを増やさないでほしいと切に願うのだ。

自然は怨まないし不安も感じない。むろん祈りもしない。本当は自然に学び、どれもない状態にできればいいのだが、人は募る不安を打ち消し、怨みに代替するために祈る。

まず希望する状態を明確に思い描き、それがかなったときの感情もリアルに言葉にして朝晩必ず念じてほしい。あとは潜在

〈げんゆう・そうきゅう〉
1956年福島県三春町生まれ。同町の臨済宗福聚寺住職。2001年「中陰の花」で芥川賞。著書に「祈りの作法」など。11～12年に政府の東日本大震災復興構想会議委員を務めた。

意識が寝ていてもそれをかなえるべく働いてくれる。これはマーフィーの法則と呼ばれるが、どの宗教にも共通する正当な祈りである。

◎熊谷達也さん

書き手の私　死を経験／言葉紡ぐ難しさに直面

明日も今日と変わりなく続くはずだった日常が、あの日、いともたやすく分断された。地震と津波という、それ自身には何の悪意もない自然の身震いが、私たちをあの世の者とこの世の者に、あっけなく引き裂いた。あの日以来、この世に肉体は残っていても、生きながら死んでいる者、あるいは、死につつも生き永らえている者、そんな人々が私たちの隣人として当たり前に存在するようになった。

実は私自身もその一人だったのだと、東日本大震災から4年以上も経過した今、ようやくにして気付いた。気付いてはいたが目を背けていたのかもしれない。ものを飲んで食って、眠って目覚めてまた飲み食いしてという、生き物としての私は、幸いにもあの震災によって特に傷つくことなく済んだ。しかしおそらく、いや、間違いなく、小説を書く者としての私は、あの時一度死んでいる。

これまで誰にも話したり何かに書いたりしたことはないのだが、震災後、ある時期まで、異様なまでに筆の速度が速くなった。確かに異常とも言えるレベルで、自分でも不可解でならなかった。そうして、震災前からスタートしていた連載小説をいくつか書き終えて本にした。

同時に、新たな作品はもう書けないだろうと思っていた。あの現実を前にして、フィクションとしての言葉を新たに紡ぎ始めるのは不可能だ。実際、震災前からの連載を継続しながらも、小説が全く読めなくなっていた。小説を読めない者が小説を書いているという自己矛盾の中にいた。小説だけではなかった。活字そのものが読めなくなった。だから、毎日届く新聞は、一行も目を通さず保管用の段ボール箱に溜《た》まり続けた。外からの情報は、しばらくの間テレビだけで得ていた。当時の自分をあらためて振り返ってみて分かった。どうやら、あの異常なまでの筆の速さは、小説家として死にゆく私の、断末魔の痙攣《けいれん》だったようだ。

ところが今の私は、自分の予想を裏切って、新たな作品を書き始めている。だが、今度は異様なまでに筆の速度が遅い。一つの言葉を選ぶのに、半日近くかかることもある。が、それは当然のことなのだと今は観念している。小説の書き手としての私は、おそらくいまだに半分死んだままだ。この世にありつつも、夥《おびただ》しい死者とともに生きている。原稿に向き合うたびにこちら

〈くまがい・たつや〉
1958年仙台市生まれ。気仙沼市の中学校教諭などを経て、2000年「漂泊の牙」で新田次郎文学賞、04年「邂逅《かいこう》の森」で直木賞、山本周五郎賞をダブル受賞。仙台市青葉区在住。

の世界とあちらの世界を行き来しなければならないのだから、困難な行為になるのは当然だ。

この地で小説を書く者が、彷徨《さまよ》い続ける死者の魂を置き去りにして安易に生き返ることは許されていないのだろう。

第10部　表現者たち

古来、死者への追悼の思いを込めた歌や踊りがあった。
震災後もまた、鎮魂の芸術と芸能が、被災地で犠牲者と残された者を優しく包み込む。
どうして人は祈りを芸に託すのだろうか。

（2015年6月10日～14日掲載）

（1）歌ならきっと一つに／言葉の意味を超え被災者の心に深く

力感にあふれ、伸びやかな歌声が響き渡る。

♪限りない大地へ
叫びつづけて
私の祈りが
水平線に重なるまで
遙《はる》かなる旅路の
坂道を越えて
歩いてゆくわ
あなたのもとへと

4月下旬、仙台市内のライブハウス。宮城県気仙沼市のシンガー・ソングライター熊谷育美さん（30）がキーボードを弾きながら歌った。

◀万感を込め、歌い上げる熊谷さん
＝4月下旬、仙台市

曲目は「旅路」。見知らぬ死者を追悼しながら放浪する男性を描いた映画で、2月に全国公開された「悼む人」の主題歌だ。

曲を作る時、「東日本大震災への思いが重なった」と熊谷さんは言う。

津波で親類や同級生の両親、かつてのアルバイト仲間ら親しい人を亡くした。「この世にいないことがいまだに信じられない」

震災後、被災した各地で歌った。厳しい現実に負けそうになりながら故郷に励まされる「雲の遙か」といった自作の曲を歌うと、会場のあちこちですすり泣きが聞こえた。

「歌うことで、そこにいる人たちと一緒に祈りをささげていたのかもしれない。祈ればきっと報われるという感覚が自分にはある」

被災地の明日を信じ、古里で歌を紡ぎ続ける。

「歌は聴き手の心や魂に直接触れる。歌でなければ伝わらない微妙な感情がある」

こう唱えるのは神職の資格を持つ京都大こころの未来研究センター教授（宗教哲学）の鎌田東二さん（64）。

自ら作った「日本人の精神の行方」などと題する曲を携え、「神道ソングライター」を名乗る音楽活動を1998年から続けている。

森羅万象に歌が宿り、宗教の底流に歌があると考える。曲に込めた精神性は神道にとどまらず、神仏が習合する。

震災翌年の２０１２年夏、被災地で一度だけ歌った。

被災地の調査で岩手県大槌町を訪れた際、「町にはもう夢がない」と言った老人がいた。慰めの言葉は相手の心に響かないような気がして、ぐっとのみ込んだ。

歌なら思いが届くかもしれない―。後に町内の仮設住宅を訪ね、ギターの弾き語りをした。

30人近い被災者を前に「夢は祈りの中でもう一度よみがえる」という願いを込めた曲を歌った。終わると、年配の男性が寄ってきて言った。

「歌のことはよく分かんねえけど、あんたの気持ちは分かった気がする」

鎌田さんは「歌は言葉の意味を超えて深く響く。それは祈りの次元だ」と言う。

今昔を問わず人々が親しんできた歌。震災後も多くの被災者の心に灯をともす。

（2）弔いも寂しさも詠む／亡き人への思い　俳句に昇華

釜石高（岩手県釜石市）の国語教諭で俳人の照井翠《みどり》さん（52）の脳裏には、東日本大震災当日の夜空が鮮明に焼き付いている。

津波被害を免れた高校の体育館に生徒たちが避難していた。ふと外に出ると、見たことのない無数の星が空にさえ渡っていた。

「大津波で亡くなった人のみ霊が昇天しつつある」。目を閉じ、冥福を祈った。

〈春の星こんなに人が死んだのか〉

むごたらしい被災の衝撃から俳句が救いの道を開いてくれた。時がたつにつれ、思い起こす言葉は句に昇華した。

高校には両親を失った生徒が4人、父か母を亡くした生徒が16人いた。

〈寒昴《かんすばる》たれも誰かのただひとり〉

家族のように寄り添うプレヤデス星団を意味する季語を用いた句だ。「亡き人はみんな誰かにとって掛け替えのない存在。心の中でずっと生きている」と照井さん。

「震災後の極限状況の中でも、俳句があったから正気を保てた」と振り返る。

初任地の福岡高（二戸市）で教師の句会に誘われ、１９８６年に俳句を始めた。

90年には句作の腕を磨くため、「人間探求派」と呼ばれた俳壇の重鎮、加藤楸邨《しゅうそん》（１９０５〜93年）主宰の俳誌「寒雷」に参加する。同じ岩手の一関市で少年期を過ごした加藤からはよく目をかけてもらったという。

加藤は戦争の本質に迫る俳人だった。照井さんは「先生と違い、平凡な俳句人生になるかと思っていたら震災に遭った。先生と同じ真剣さで震災に向き合いたい」と誓う。

震災の翌年に句集「龍宮《りゅうぐう》」を出版した。

〈逢《あ》へるなら魂にでもなりたしよ〉

人間以外の何かになってでも亡き人の近くに行きたいという願い。

〈初蛍やうやく逢ひに来てくれた〉

蛍火の明滅によって亡き人と心を通わせる姿。

句集に出てくるのは、自身が目にした光景にとどまらない。イタコのように誰かに成り代わる気持ちで詠んだ句も多かった。

句集の表題に込めた意味は何か。「罪のないたくさんの命が突然奪われたことがふに落ちなかった。竜宮城のような安らかな世界で違う生を送っていてほしいと思った」

「龍宮」は文学界や一般の読者からも反響を呼んだ。

「俳句はぎりぎりまで研ぎ澄ました言葉と深い沈黙で成り立っている。だからこそ、冗舌な言葉より大きな苦しみを抱える被災者の心に染み込んだのではないか」

照井さんはあらためて俳句の持つ力を思い知った。

（3）被災地の不条理描く／あの日の情景　巨大絵画に静寂漂う

縦5・4メートル、横16・4メートル。仙台市青葉区の水彩画家、加川広重さん（38）はこの空間に東日本大震災の不条理さを凝縮する。

「巨大絵画」と呼ばれる。主な発表の場にしている青葉区のせんだいメディアテーク1階の広々とした室内空間に展示できる最大サイズだ。

震災から1年がたとうとする２０１２年1月に発表した代表作「雪に包まれる被災地」。

▶釜石高の体育館で震災直後の夜を思い起こす照井さん。外は満天の星空だった＝釜石市

津波に遭った沿岸のあの日の情景を写実的に描いた。

津波で壁や天井が壊されて鉄骨がむき出しになった建物、そして打ち上げられた巨大船が印象的だ。絵に近づくと積もった雪の中から被災家屋や樹木が姿を現す。

「普段は動かないものが流され、大きさや重さの感覚がまひした。自ら抱いた精神の喪失感を表した」。加川さんが背景を語る。

臨場感のある絵を志向し巨大絵画に着目。03年に描き始め、模索の中で銀河系の半抽象画などを仕上げてきた。

震災発生時は、宮城県蔵王町の実家から、講師を務める仙台市の美術予備校に車で向かっていた。惨状を目の当たりにしたのは2日後。連絡の取れない岩沼市の祖母、叔母夫婦を自転車で捜し歩いた。

浸水域では家畜の豚が無残に絶命し、壮絶な光景を呈していた。生存率が著しく下がるとされる災後72時間が迫る。捜索中の消防団員からは「動いている人がいたら声を掛けて」と言われた。

生と死が交錯する現場に心が揺さぶられた。祖母と叔母は無事だったが、叔父は1週間後に遺体で見つかった。

予備校の片付けを手伝って2カ月が過ぎた。「今でないと描けないものがあるかもしれない」。焦りに近い気持ちが生じた。何を表現できるかは分からない。宮城と岩手の沿岸に車を走らせ、被災地の今を写真に収めた。

◀仙台市内であった鎮魂のコンサートで「雪に包まれる被災地」を展示した加川さん。被災地の画家として歩みを重ねる
＝5月下旬

現場では炊き出しや支援活動が行われていた。惨禍を絵にすることは人々の心の傷に塩を塗りかねないとも思った。揺れ動いた。自分のすべきことは描くこと―。自問自答の末に思いを固め、11年7月に制作を始めた。

巨大絵画は縦2枚、横12枚のパネルに分かれる。下絵の構図に合わせ、1枚ずつ集中して色を塗っていった。

メディアテークの展示場につるして完成作を初めて見たのは半年後。意識していなかった静寂が漂っていた。震災と向き合う自分の心象が思わぬ形で投影された気がした。

13年に宮城県南三陸町の防災対策庁舎、14年に東京電力福島第1原発の建屋をテーマに巨大絵画を発表した。

「芸術でしか表せない感覚的な記憶を後世に残していく」。胸の内に湧き上がる瞬間を捉え、被災地の本質を描こうと筆を握る。

（4）沈黙の空間　花は語る／暮らしなき避難区域　再び彩りを

「ピー、ピー」。簡易線量計の警告音が続く中、鎮魂の花の置き場を探す。堺市の華道家、片桐功敦《あつのぶ》さん（41）は5月中旬、帰還困難区域の福島県浪江町大堀の神社を訪れた。

大堀は江戸時代から続く大堀相馬焼の産地で知られる。東京電力福島第1原発から北西に10キロ。原発事故で陶芸家約25人が離散を強いられた。

雑草が生い茂る境内で片桐さんが足を止めた。「風景が寂しいでしょ」。周辺の窯から許可を得て持ってきた大堀の焼き物を地面に置いた。神社の外で摘んだばかりの黄色いアイリス、紫色のアヤメなどを挿し入れた。

10分の作業中、線量計の値は毎時5～15マイクロシーベルト。原発事故前の１００倍を超す。

「盆踊りで活気づく神社は住民にとってハレの場だった。手つかずのここが一瞬でもにぎやかになってほしかった」。片桐さんは願う。

◀黄や紫の花を大堀相馬焼に生ける片桐さん。荒廃した避難区域に鎮魂の思いを咲かせる＝福島県浪江町

祖父が興した流派「花道みささぎ流」の家元。生徒に稽古をつけ、展覧会に作品を出す。父は１９８５年の日航ジャンボ機墜落事故で亡くなった。当時小学6年生だった片桐さんは24歳で跡を継いだ。

福島との縁ができたのは２０１３年秋。福島県立博物館（会津若松市）から頼まれた。震災後に浜通りの津波被災地に群生した準絶滅危惧種ミズアオイの花を芸術作品に残そうとする企画だった。

まずは浪江町と南相馬市で花を採り、屋内で縄文土器に生けた。花を探しに避難区域に入るたび、無人の集落に空虚な世界が広がっていた。「生活の痕跡が残る風景にもっと生けたい」。創作に打ち込むため、13年末から8カ月間、同市のアパートを借りた。

津波をかぶった漁村や海岸に足を運び、人がいた気配を感じながら野に咲く花を生けた。漁協では残っていた長靴を花器に見立てた。別の家屋では婦人靴に菊を盛った。そばの窓枠には石を配し、涙をイメージして海水をかけた。

生け花は死者への弔いという意味合いがある。「華道が確立された室町時代は戦乱が絶えず、道端のしかばねに手向けられた花もあった。生けなければという心情が湧いたのだろう」と想像を巡らす。

人の命を、咲いて散る花のはかなさと重ねる。30年前、父の不慮の死に接し「人が消えるのはこんなにあっけないのか」と感じた。多くの命を奪った津波も「人の力は自然にあらがえない」と冷静に受け止める。

放射能汚染にさらされても草木がたくましく育つ現場に立ち、この地を離れた人々の悲壮感や憤りに身を沈める。

「自然の中でむき出しになった感情がここにある。それを見える形にしたい」。言葉では伝え切れない福島の現実を、花を通して描き表す。

(5) 鎮魂の能　天命と舞う／生と死交わる舞台　被災地巡る

宵闇の中にライトアップした特設舞台に、能面と白い衣の舞い手が姿を現す。乾いた笛の音が響くと、優美な動きで舞を演じ始めた。

◀厳かな雰囲気の中で舞う八田さん
＝4月中旬、塩釜市

東京都の能楽師八田達弥さん（52）は4月中旬、塩釜市の塩釜神社で能を演じた。

東日本大震災の後、「能楽の心と癒やしプロジェクト」を始めた。岩手、宮城両県を中心とした被災地で能を上演し、これまで100回以上になる。笛を担当する能楽師寺井宏明さん（48）＝東京都＝と主に2人で各地を巡る。

「能は鎮魂の芸能。多くの命が失われた被災地で舞うのは天命」と八田さんは言う。

能は死者が重要な役どころを担う世界でも珍しい芸能だ。死者が主役として登場し、関わりの深い現世の演者と深い思いを通わす。

背景はその成り立ちにあると言われる。能が完成した室町時代は戦乱や飢饉《ききん》で多くの民が亡くなった。当時の人々にとって、死は日常と背中合わせにあった。

震災から4年となった3月11日、大津波の被害を受けた仙台市若林区荒浜の深沼海岸で能の演目「松風」を上演した。

松風は平安時代の歌人、在原行平と恋に落ちるも再会の約束が果たされなかった海女の名。命が尽きて霊となった後、浜の松に行平の幻を見て舞い狂う。

海岸の砂地に足袋の姿で立って、この世に強い思いを残す死者、松風を演じた。震災犠牲者の追悼に訪れた30人近い地元住民らがじっと見守った。

八田さんの後ろには津波に耐えた大きな松の木が立っていた。

「能舞台の背景には神が宿る老松の絵が描かれる。現代でもわれわれは神にささげる気持ちを忘れず、能を続けている」

震災後初めて被災地に入ったのは発生から3カ月後。全国巡業の能の公演で出会った子どもたちの様子を確かめたかったが、地元につてがなく願いはかなわなかった。何をすればいいのか分からず、ボランティアとして石巻市の避難所で掃除を受け持った。

慰問に来たテノール歌手に避難所で会い、「自分も能で力になれるかもしれない」と感じた。すぐさま持参していたはかま姿に着替え、被災者の前で舞った。

それ以来、仮設住宅の集会所や地域の祭りに手弁当で駆け付ける。

「能には死者の魂を鎮めるだけでなく、生きる人を癒やす力がある」。八田さんを駆り立てるのは能楽師としての強い信念だ。

600年以上受け継がれた能という「鎮魂歌」がいま、新たな祈りとなって被災地に響き渡る。

第11部　あなたへ

東日本大震災から４年３カ月が過ぎても、多くの命が失われた被災地の悲しみは尽きない。

祈りは魂を鎮め、救いの道を開く。

そう信じて人々は手を合わせ続ける。

被災者に強い思いを抱く各界の３人に聞いた。


（2015年6月21日～23日掲載）

◎女優　倍賞千恵子さん

命の連なり　語り継ぐ／思い、面影　桜に重ねて

慈しみにあふれた声で語り掛ける。映画「男はつらいよ」シリーズで演じた兄思いの妹さくらのように。

死はなんでもないものです
私はただ
となりの部屋にそっと移っただけ
私は今でも私のまま
あなたは今でもあなたのまま

英国の神学者ヘンリー・スコット・ホランド（１８４７～１９１８年）が１００年近く前に作った詩「さよならのあとで」。亡き人から残された者への言葉が連なる。昨年12月に出版した著書「風になって、あなたに会いに行きます」の付属ＣＤに、自身の朗読を収

めた。

「東日本大震災が起きた後、死をどう捉えたらいいのかずっと考えた。朗読には震災で亡くなった方々への思いを込めた」

震災の発生時、東京でナレーションの仕事をしていた。大きな地震に見舞われた後、街がだんだん暗くなる様子に異様な雰囲気を感じた。

被災地の惨状を知ると、居ても立ってもいられなくなった。

「鹿角市出身の父親は電話でよく方言を話していた。松竹音楽舞踊学校の同級生の実家が仙台にあり、夏休みを過ごしたこともある。私にとって東北はとても身近な地域」

現地で不足していると聞いたおしめをたくさん買い、すぐに福島県の知人に送った。

その後も被災した各地を訪れ、コンサートを開いたり、映画の上映会に参加したりした。

被災地で気遣うのは、家族や友人を亡くした被災者の心情だ。

「自然災害で大切な人の命を突然奪われた皆さんの心の痛みは計り知れない。ずっと癒えない苦しみなのかもしれない」

自らも掛け替えのない人との別れを経験している。その代表的な一人が「男はつらいよ」でさくらの兄の寅さんを演じた俳優の渥美清さん。1996年に肺がんでこの世を去った。68歳だった。

「さくらにとってだけではなく、倍賞千恵子にとっても兄貴み

〈ばいしょう・ちえこ〉
松竹音楽舞踊学校を卒業後、松竹歌劇団（SKD）に入る。1961年に映画「斑女（はんにょ）」でデビュー。歌手としても活動している。73歳。東京都出身。

たいな存在。亡くなったと知らせを受けた時は寂しくなり、たくさん泣いた。映画という虚構の世界の関係でもそうなのだから、震災で肉親を亡くしたつらさはいかばかりかと思う」

ことし4月、「鎮魂の桜の森」の整備が進められている石巻市の観音寺を訪れ、裏山に桜を植えた。近くの石像に向かって手を合わせ、震災の犠牲者に祈りをささげた。

「元気に根付いてほしいと願いながら植樹した。桜が咲けば、亡くなった人を思いながら足を運ぶ人がきっといるだろう。花の咲く時期にまた行きたい」

◎映画監督　岩井俊二さん

記憶の中　存在あせず／死者へ無限の想像力を

古里を襲った東日本大震災を米ロサンゼルスで知った。帰郷がかなったのは2カ月後。宮城県石巻市の友人や塩釜市の親類らを訪ね歩いた。被災地で交わした言葉が、作詞を担ったＮＨＫの震災復興支援ソング「花は咲く」に息づく。

「亡くなった人が一緒にいるかのように話していた。人は記憶される限り存在する。記憶は創作の大きなテーマだったが、生や死の意味すら支えていると初めて実感した」

♪わたしは何を残しただろう

この歌詞はつぶやくように3回出てくる。残された人は亡き人の苦しみや無念を想像するしかない。だからこそ死者からの視点を思い描いた。

「亡くなった人たちを忘れて生き残った人のためだけの歌では聴く人に違和感が残るだろう。ただ静かにそばにあるような歌にしたかった」

♪真っ白な雪道に春風香る
わたしはなつかしい
あの街を思い出す

歌を書き終え、気付いた。

「浮かんだのはかつて暮らした街の景色、出会った人たち。仙台を遠く離れた自分の望郷の念と、この世にいない死者の思いが重なった」

♪いつか恋する君のために

歌の結びは、身内の安否確認に追われた震災直後、ツイッターで偶然見た投稿から思いついた。ある同級生を本人に知られずに探したいと、仙台の女子高生が悩んでいた。

〈いわい・しゅんじ〉
横浜国大卒。
「打ち上げ花火、下から見るか？　横から見るか？」で1993年度日本映画監督協会新人賞。
代表作に「Love Letter」「花とアリス」。52歳。
仙台市出身。

「なぜなら片思いで彼に好きだと伝えていないから。こんな絶望的な状況でも、花って咲くもんだな」

震災1年後に世に出た歌は今なお被災地で口ずさまれている。歌詞の一部を変え、「復興色」を強めたバージョンもことしに入って登場した。

複雑な思いもある。

「ここまで長く流れると思わなかった。この歌が必要とされる限り、まだ苦しい人たちがいるということだろう。この曲が必要とされない日が来ることを願ってやまない」

なりわいとする映画界に目を向ければ、たくさんの「起きてほしくない未来」がスクリーンに映し出される。想像の物語として。時には警告として。

「3・11の津波と原発事故、その後も噴火などSFのような災難が次々と現実になっている。さらに原発再稼働とか集団的自衛権とか、暗い時代の幕開けと感じてしまう」

そんな時代にクリエーターとしてどう向き合うか。震災後の第1作は2011年10月に発表したドキュメンタリー「ｆｒｉｅｎｄｓ　ａｆｔｅｒ　３・11」。科学者や環境活動家らが原発の危険性や弊害を訴える。繊細な心の揺らぎを透明感のある映像で描く作風とは一線を画す。

「目の前にいる人や知る事だけで折り合いを付けようとせず、どれだけ想像力を巡らせるか。それが万物につながると被災地で思い知った。社会全体が視野狭窄《きょうさく》に陥らないために」

◎哲学者　鷲田清一さん

自らの物語　再構築を／死者は無二の対話相手

東日本大震災の2カ月後、一部が再開した仙台市青葉区のせんだいメディアテークで、阪神大震災を経験した哲学者として講演に立った。２０１３年4月からは館長を務め、被災者の心の復興のありようを見詰めている。

「大事な人を失ったとき、自分の一部をもぎ取られたような喪失感にさいなまれる。なぜ死んだのか、自然に、死者に、問うても答えはない。それでも、納得できないから問わずにいられない」

2万人近い犠牲者の周りには多くの「死なれた人」がいる。なぜ死んだのがあの人で私ではなかったのか。天災で引き起こされた死は、耐え難い感情をも抱かせる。

「死なれるという言葉は、日本語独特の表現で欧米にはない。置いてきぼりになった人の悲しさ、苦しさをいたわる気持ちがこもっている」

被災者自身の「語り直し」の大切さを唱え続けている。日々をどう暮らし、将来どう生きていくか。その前提となる家族、住居、仕事を失った被災者は「人生の初期設定」の書き換えを迫られる。

「人に語るということは、少しずつ悲しみを引きはがし、一つの出来事に整える。自分という存在を組み立ててきた物語を再構築することで大切な人の死を受け入れ、心を収めていくきっかけになる」

阪神大震災から20年を経た現在も、語り直しを続けている人がいる。いつ終わるとも知れないからこそ支援者の役割が見えてくる。

「自分で納得するには、人に物語を与えられるのではなく、自身で語りきらないといけない。語りは誰かに向けるものだから、そばに聞く人が要る。話し終えるまで、遮ったり、せかしたりせずに待つこと。人は大事にされている気持ちを感じたとき、自分の心や魂に気付く」

被災地に「心のケア」という言葉が氾濫する状況に抵抗を感じた。「心のケア、お断り」と張り紙された避難所さえあったと聞いた。善意の押し売りとなり、被災者の心に壁を築いてしまったのだろう。

「出来合いの言葉で慰め、被災者の気持ちが収まったようにみえても、本当の思いをゆがめてしまったかもしれない。表面的に分かった気になり、根本的な問題が隠れる恐れもある。宛先のない万人に通じる言葉は、暴力にもなりうる」

〈わしだ・きよかず〉
京大院修了。
専門は臨床哲学。大阪大教授、総長を歴任。京都市立芸大理事長・学長も務める。
著書に「『聴く』ことの力」「語りきれないこと」など。65歳。京都市出身。

大切な人と「生」と「死」に分かれても、関係が断ち切られたわけではない。困難に直面したとき、信念が崩れかけたとき、きっとその人はやってくる。

「死者は自分を映す鏡。この世にはいない思想家や作家、家族らに心で話し掛ける。人は死ぬと失われるのではない。むしろ自分にとって掛け替えのない対話の相手として生まれ変わる」

私の視点

１月に連載を始めた「挽歌の宛先　祈りと震災」は東日本大震災と東京電力福島第１原発事故を受け、東北で信仰の意味を問い直す人々を見詰めてきた。
被災地の祈りに関わる３人にそれぞれのテーマで思いを語ってもらった。

（2015 年６月 23 日掲載）

◎批評家　若松英輔さん

死者の存在／悲しむからこそ身近に

東日本大震災では、多くの方が亡くなりました。大切な人の死を悼み、今も悲しみの日々を生きている人はたくさんいます。

震災から4年余りが過ぎようとしています。ある人々は、悲しんでばかりいてはならない、顔を上げて前に進まなくては駄目だと言います。

しかし、私たちは本当に悲しむことをやめなくてはならないのでしょうか。むしろ、人々は、悲しみがあるから生きていける、悲しむとき、亡くなった人をはっきり感じるのではないでしょうか。

２０１０年、私は妻を病気で失います。最初は強い喪失感に打ちのめされましたがしかし、次第に消えたのは彼女の肉体で、死者となった彼女は、以前よりも近くに感じるようになります。そして、もっと強く、その存在を感じるのは悲しみを生きているときであることに気が付きます。

死者というと怪しげな感じを抱かれるかもしれません。しかし、人に言わないまでも

〈わかまつ・えいすけ〉
慶大卒。2013 年から文芸誌「三田文学」編集長。著書に「魂にふれる　大震災と、生きている死者」など。46 歳。新潟県糸魚川市出身。

◀被災した名取市閖上の海岸で迎えたことしの初日の出。
人々はさまざまな願いを託した

誰もが、死者を身近に感じながら生きているのではないでしょうか。

震災から1年たったとき「魂にふれる」という本を書きました。そこでは、死者を「協同する不可視な隣人」と呼びました。死者の姿は見えず、その声も聞こえません。しかし見えない、ふれ得ないということと、それが存在しないことは違います。

また、死者との関係を深めていくうちに思いを新たにしたのは、生者と死者の関係を切り結ぶためには、どんな宗教も思想も必要がないことでした。私たちは静かに内なる響きを感じるだけで足りるのです。

若松英輔さん

昔、「かなし」は、「悲し」とだけでなく、「愛し」と書いて「かなし」と読みました。「美し」すら、「かなし」と読ん

だと言います。これは古代の人々だけの思いではなく、死者を思うとき、現代に生きる私たちが感じていることでもあるのではないでしょうか。

◎大阪大大学院准教授　稲場圭信さん

宗教者の苦悩／支える側の心の支援を

全国から多くの宗教者が被災地に駆け付けました。初めは宗教的なケアは少なかったと思います。家や家族を失った被災者は当然、今までつながりのない人に自分の苦しさを話せなかったからです。

宗教者はむしろ水くみや炊き出しの手伝いに徹しました。信頼関係ができると被災者の求めに応じ、読経したり、つらい体験に耳を傾けたりしました。

布教ではなく、人のために自ら行動するという宗教的な信念に基づき、被災者と関わり続ける覚悟を持った宗教者がたくさんいました。地元の宗教者はそれまでの地域住民との関係で、共に被災して一緒にいるだけで癒やしになっていました。

新宗教系の支援も手厚かったです。ともすれば葬儀が中心の坊さんに比べ、新宗教系の宗教者は日常的に救いを求める信者と向き合っています。その強みを生かし、不安を抱える

〈いなば・けいしん〉
東大卒、ロンドン大大学院博士課程修了。神戸大大学院准教授を経て 2010 年から現職。専門は宗教社会学。45 歳。東京都出身。

◀津波被害を受けた地域の寺院にある石仏。
平穏を祈るかのようにたたずむ
＝6月、宮城県七ケ浜町

被災者と関わっていました。

課題は宗教者を支える仕組みづくりです。被災地のある地域では住職が自殺しました。住職は「亡くなった人のためにも生きなくてはならない」と話していましたが、犠牲者の葬儀を続け、困り事相談を受けていたらある時、心が折れてしまいました。

するとと同じ地域の住職に「これからどうしたらいいのか」と住民から不安が寄せられました。今度はその住職が眠れなくなり、睡眠薬や酒に頼るようになったのです。私には「宗派の本山もどこも宗教者のケアはしない」と不満を漏らしていました。

ホスピスを支えるフランスのシステムを参考にしてはどうでしょうか。ホスピスのスタッフは余命宣告された患者を支えますが、気持ちのつながりができると、患者が亡くなった時に心が重くなります。その心をケアする専門家が別にいます。

災害時の宗教者のケアもそんな仕組みが大事です。孤立して精神的に参らないように被災地以外の宗教

稲場圭信さん

者が支援する態勢を整えるだけでも違うのではないでしょうか。

◎宮沢賢治の又おい　宮沢和樹さん

賢治の世界観／人の精神は宇宙を循環

震災の数日後、俳優の渡辺謙さんが宮沢賢治の「雨ニモマケズ」を朗読し、世界中に見守ってほしいというメッセージをインターネットで発信しました。大伯父の賢治が注目されるきっかけになりました。

この詩は結核で体が弱っていた賢治が、自分に向けて手帳に記した祈りのような気持ちでした。だから最後は「サウイフモノニワタシハナリタイ」で終わります。

震災当初、ボランティアが避難所で朗読したと聞いて心配しました。戦前、耐え忍ぶのを美徳とする宣伝に使われた過去があり、被災者に何を我慢させるのかと思ったからです。実際は多くの人が自分に向けられた言葉と受け取り、遠方から支援に訪れてくれました。賢治も喜んでいるはずです。

震災後、死後の世界を考える上で賢治の作品が取り上げられる機会もありました。「農民芸術概論綱要」には「まづもろともにかがやく宇宙の微塵《みじん》となりて無方の空にち

〈みやざわ・かずき〉
立正大卒。宮沢賢治の実弟の故宮沢清六さんの孫。1994年、賢治関連の物販をする「林風舎」を設立し、社長を務める。51歳。花巻市出身。

らばらう」と記されています。賢治の作品を世に広めた私の祖父の清六は、この意味を「原子と分子の世界のこと」と語っていました。

賢治は詩人であり、地質学などに詳しい科学者でした。物質や肉体が腐って土に返るように人の精神は微粒子に分解され、宇宙を循環するイメージを持っていました。

童話「銀河鉄道の夜」の背景にある考えは同じで、死者が列車に乗って宇宙を旅しています。法華経の熱心な信者だった賢治が輪廻《りんね》の教義を科学的に捉えようとした世界観でもあったようです。

妹のトシが亡くなると、賢治はこの世に残された者としての鬱積《うっせき》した気持ちを詩で表現しました。詩集「春と修羅」に収録された「無声慟哭《どうこく》」といった作品がその時に書かれました。

賢治にとって、妹の死は悲しい以外の何ものでもありませんでした。自分の心象を感じたままに言葉で表すことが、悲嘆に暮れる心のよりどころとなっていたのでしょう。

宮沢和樹さん

○連載に寄せて／宗教学者　山折哲雄氏

生きる者への相聞歌／亡き人は沈黙　慰めの調べ

死者はもう、何も語らない。生き残った者に何ごとも語ろうとはしない。３・11の犠牲になった死者たちも、そのときから沈黙を守り、一切語ろうとはしない。

死にゆくときの苦悶《くもん》の表情、嘆きの声、恐怖の叫びが、その場に凍結されたまま生き残った者たちの胸を刺す。その死者たちの無念の思いに、誰も応えることはできない。その辛《つら》い悔恨の情が、いつまでもわれわれの心の中から消えることはない。

生き残った者たちの手元にのこされているのは、死者たちの苦悶や嘆きや恐怖の思いをなだめ、その行き場のない魂を鎮めようとすることしかないからである。

だがそれではたして、死者たちは満足するだろうか。その魂はどこかに救われていくのだろうか。残念ながら、それを明かす証拠はどこにも見いだすことはできないだろう。死者たちは何も語ってくれないからだ。死者はその胸の内を閉ざしたまま、いつまでもわれわれの前で沈黙を守っている。

ふと、死者たちは生き残った者を許してはくれないのかもしれない、と思う。いくら死者たちへの心からの言葉をさしだしても、鎮魂や供養のまことをつくしても、芸能や儀礼を通して祈りつづけても、もうそれでいいよ、といってはくれない。そのまま悲哀の表情や嘆きの声を、その胸の内に収めてはくれない。

時がたち、やがて生き残った者たちの記憶が薄らいでいく。死者たちの苦悶や嘆きや叫びにいつまでも直面し、それに耐えつづけることはできないからである。その現場から顔をそむけ、どこからともなくやってくる忘却の慰藉《いしゃ》へとわが身をゆだねるほかはないからである。

無常の風が吹いているのである。自然のかなたから、それは吹いてくる。死者たちの、そのかたわらからも吹きあげてくる。

気がつくと、災害のあと、この世に生き残った者たちが同じ生き残った者たちに寄りそい、耳を傾け、慰めの声をかけようとしている光景にどこでも出合うようになった。介護の手を差しのべる人、ケアのために献身する人、そして最期の看取《みと》りをする人、人…。死者たちが何ごとも語らない存在になってしまっている以上、それはもういたし方のないことであり、当然のことかもしれない。

生き残った者たちが死者にたいしてできることといえば、死者にむかってしずかに別れを告げ、その魂が他界におもむくことを願うことをおいてほかにはないだろう。天国や浄土、そしてこの自然の墳墓の地にお帰りいただく、それをただひたすら祈ることだったのではないだろうか。

このように考えてくるとき、ああ挽歌とは、生き残った者たちが同じ生き残った者たちにむけてさしだす悲しみと慰めの歌だったのだ、ということに気づく。一見それは、死者にむけられた死者たちのための歌のように考えられてきた。けれども、じつはそうではなかったのだ。そうではなくて、生き残った者たちにむかって、さらに生きよ、と語りかける、励ましと慰めの歌だったのかもしれないのである。

挽歌とは、生き残った者たちにこそとどけられる、究極の愛の相聞歌だったと、今あらためて思うのである。

第12部　宗教師　英国をゆく

東日本大震災を契機に生まれた臨床宗教師が７月上旬、各地の緩和ケア病棟の医療者と共に近代ホスピス発祥の地、英国を訪ねた。

終末期患者や被災者らの悲嘆や苦悩をどう受け止めるか。

現地の宗教者やケアスタッフと対話を重ねる姿を追った。


（2015 年７月 18 日～ 20 日掲載）

（1）前向く力　取り戻す場／がん患者の願いから生まれた支援施設

灰色のビルがそびえる病院敷地に、オレンジ色のこぢんまりとした建物がたたずむ。マギーズ・キャンサー・ケアリング・センター。がん患者や家族のための民間の無料相談支援施設だ。

ロンドン西部に建つセンターは一般住宅の大きさ。２階建ての吹き抜けのリビングとオープンキッチンが中心にある。天井まである窓から光が降り注ぐ。

臨床宗教師研修を担う僧侶で東北大准教授の谷山洋三さん（43）＝臨床死生学＝は利用者数人と大きな食卓を囲み、言葉を交わした。相手の表情に、がんが影を落としているような暗さは見えない。

受付はない。普段着の人ばかりで、誰がスタッフか分からない。センター長のバーニー・バーンさんは「対等な関係で話を聴くことが最も大切。利用者がリラックスできるよう、建物の設計から精神的なサポートに重点を置いている」と明かす。

病院では患者でも、センターでは自身をよく知る専門家として扱われる。「ここは自分にとって何が必要かを見つけ、力を取り戻す場所。病気に負けない気持ちを持つ人が限られた命を最大限に生きている」

病院で抱く孤独感や将来への不安を和らげ、病を受け入れていく温かな場が欲しい――。がんと闘った一人の女性の願いが施設の始まりだった。

１９９５年に53歳で亡くなった造園家マギー・ケズウィック・ジェンクスさん。その遺志を継いだチャリティー団体が運営している。国内15カ所、香港に1カ所あり、スペインや東京でも開設の動きがある。

ロンドンの利用者は平均１日80人で、患者や家族に加え、遺族やがんを心配する人もやって来る。

スタッフは、がんに関わる経験豊富な看護師やセラピスト、公的援助の専門家ら10人。病院でケアに当たるキリスト者「チャプレン」と共に遺族支援にも取り組む。相談以外にヨガやアートセラピー、合唱など多様な行事がある。

石巻市出身で35年前からロンドンで暮らす及川由利子さんは２００８年、喉頭がんで声を失う可能性を伝えられた。通訳やガイドの仕事を続けられない。どうしていいか分からず、センターを訪ねた。

◀明るいリビングで何げない会話を交わす利用者ら。
「患者」であることを忘れられるひとときだ

「フレンドリーな話しやすい環境で、何かあったときに助言がもらえる。泣き暮らすのではなく、できるだけ自分の力で普通の生活に戻したい。そのための心の支えになっている」と今も足を運ぶ。

谷山さんは、センターの実践は臨床宗教師が目指すものと重なり合うと感じている。「人に寄り添う思想が貫かれていた。自分の人生を歩むための場になっている」

生老病死の悩みを抱えた人にいかに向き合うか。海の向こうに一つの答えがあった。

(2) あなたのままでいい/信仰も立場も問わぬホスピス　信念貫く

世界のホスピスの先駆けはロンドン郊外の住宅地の一角にある。

聖クリストファー・ホスピス。大きな窓と白を基調とした壁。明るい館内で利用者はリハビリに励んだり、庭を眺めながら談笑したり。穏やかな時間が流れている。

「患者として固定化しない取り組みに心を砕いている」と栗原市の僧侶で臨床宗教師の高橋悦堂さん(36)。死に直面した悲壮感より、限りある命を精いっぱい生きる空気に満ちていた。

ガイド役の理学療法士ジェニー・テイラーさんが「優雅に水面を進む白鳥が脚をばたつ

◀リメンバー・ブックを紹介するテイラーさん。亡き家族や恋人への思いが言葉や絵で表されている

かせるようにスタッフはいつも忙しいの」とほほ笑む。

「最も大切な場所よ」。テイラーさんがドアを開けたピルグリム・ルーム（巡礼の部屋）は、静寂に包まれていた。けい線のない分厚いノートが中央の台にある。リメンバー・ブックという。

「永遠に心の中にいる」「私たちを忘れないで」。今は亡き大切な人に宛てたメッセージや思い出がページにあふれる。多様な宗教に関する本が並び、信仰や立場を問わず誰もが心を休められる。

このホスピスは近代ホスピス運動の母と呼ばれるシシリー・ソンダース医師が1967年に開設した。国の医療制度と寄付金で4病棟48床が運営され、在宅ケアもする。

「You matter because you are you（あなたはあなたのままで大切）」と唱え、最期まで自分らしく生きられる緩和ケアの礎を築いた。

身体と心、魂の痛みに総合的に対応するため、ス

タッフは地域の医療者やボランティアと力を合わせる。

日本はほとんどが病院死だが、英国は５割程度。在宅ケア態勢の充実で、死を家で迎える人が増えているという。

院内に常駐する宗教者「チャプレン」。なぜ自分がいま死の危機にさらされるのか、人生に意味はあったのかといった、根源から発する苦痛に答えを見いだそうとするスピリチュアルケアを担う。

「キリスト教を押し付けることはしない。ケアは布教とは違う」。チャプレンのアンドリュー・グッドヘッドさんは言い切る。「どんな手助けができるでしょう」と語り掛け、答えを待つ。

「ただそばにいて沈黙が意味を持つこともある。大事なのは親切心や優しさ。それは私たち宗教者の基礎ではないか」と高橋さんらに問い掛けた。

震災の後、仙台市や名取市の在宅ケア専門病院やホームホスピスで傾聴に当たる高橋さん。「ちゃんと向き合えるよう、自分を磨いていくしかない」と心に期した。

日本の信仰や風土に合ったチャプレンを目指す臨床宗教師。本場の先駆者がそっと背中を押した。

（3）信心超えて人つなぐ／多民族都市　街づくりへ宗教連携

「神という言葉は使わない。時にさまざまなものを分けてしまうから」ロンドン北西部のブレント区にあるキリスト教会長、マギー・ヒンドレーさんは意外な言葉を口にした。

多民族都市ロンドンの中でも多様な宗教や文化が集まる地域。コミュニティーづくりの核となる施設「ロンドン・インターフェース・センター」の共同代表を務める。二つのキリスト教会が同居して運営を支える珍しい施設は１９９８年にできた。周囲にはイスラム教の学校やヒンズー教、仏教の寺院が並ぶ。

岐阜県高山市の僧侶で臨床宗教師の大下大円さん（61）は「違う教派が共存するだけでなく対話を持つ。揺るぎない信念を感じる」と驚いた。

ヒンドレーさんは「利用者が信仰の立場を超え、友達になることが最も大事。より良い人生を過ごすことにつながる。いい関係を持てるよう援助している」と打ち明ける。

活動を続けながら宗教離れを肌で感じている。

「教会に来る人が減った。科学が権威を持つにつれ、見たり触れたりできるものしか信じない雰囲気がある。皆スピリチュアリティ（精神性）が乾いている」と嘆く。

宗教はともすれば対立を生み出すが、異宗教間（インターフェース）の橋渡しをすればつながり合えると考える。

キリスト教系の施設ながら、幅広い宗教イベントが開かれる。座禅を組む人がいればユダヤ教やキリスト教、イスラム教の教典を学び合うグループがある。国連ＮＧＯブラーマ・クマリスによる古代インドの瞑想《めいそう》も取り入れている。

「信仰を尊重し介入しないことで均衡を保っている。民族の中の宗教の役割をきっちり捉えている」。大下さんは宗教家が街づくりに携わるセンターの在り方に共感した。

センターが人々から望まれた背景には移民が多い地域事情があった。では、日本で宗教家は何ができるだろうか。

神道やキリスト教の宗教者らと地元へのホスピス開設運動を主導した大下さん。自殺予防、遺族支援といった社会問題に取り組んできた。

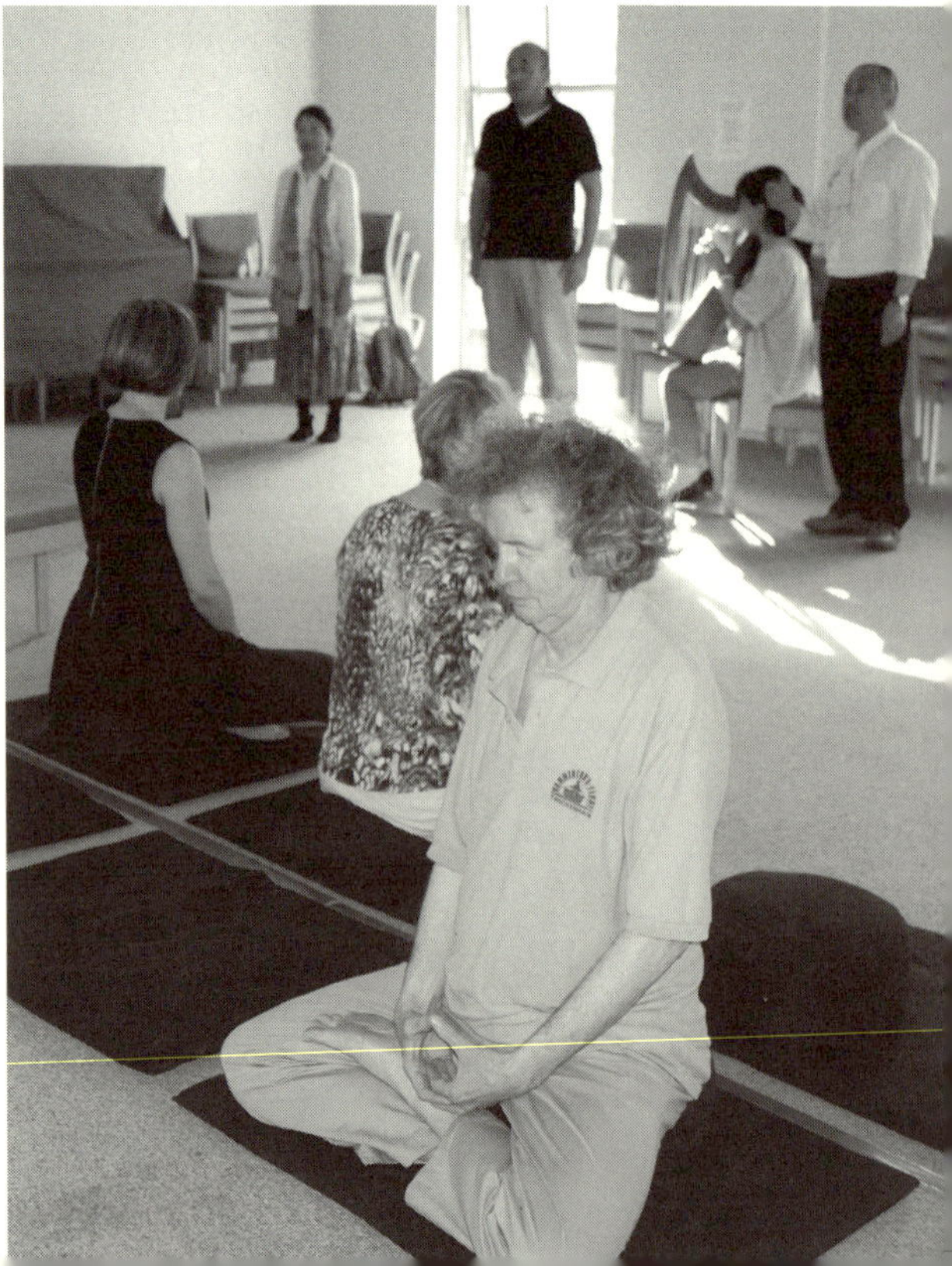

▶キリスト教系の施設で座禅を組み、瞑想《めいそう》にふける男性。宗教を超えた多様な活動拠点となっている

客員教授を務める高野山大（和歌山県）の大学院は9月、東京で臨床宗教師の養成を始める。東日本大震災を機に東北大で始まった育成の輪が全国に広がりつつある。「宗教の違いを超えて精神的な支援をする存在。宗教家が世の中に必要だと感じてもらえるため、力を向上させたい」

臨床宗教師はインターフェース・チャプレンと英訳される。センターと同じインターフェースという語を冠する。

宗教師は誰のため、何のためにあるのか―。それは人と人を橋渡しし、希望や再生の道を開くこと。多民族・多宗教都市が物語っていた。

心を寄せ合う 分かち合う

読者の声

1月から連載している「挽歌の宛先　祈りと震災」は東日本大震災の被災地で信仰の意味を問い直す人々を描いてきた。
取材班に寄せられた読者の声を紹介する。

（2015年7月19日掲載）

◎息子を突然失った、悲しみと向き合いながら生きていく

仙台市泉区・主婦　伊藤紀子さん（81）

私は震災の遺族ではありませんが、震災4年目の3月11日を犠牲者やご遺族の追悼で過ごした2日後、自分の息子を突然死で失いました。震災のご遺族と同じ気持ちを図らずも持つことになりました。そのショックは計り知れず、いまだに息子を思う気持ちが消えることはありません。

それで震災のご遺族のために編集された記事でしたが、私の千々に乱れた心に染みて癒やしていただいたことに心から感謝します。

第11部「あなたへ」の哲学者鷲田清一氏の記事は記録にとどめたいと、手帳に写しているうちに涙が染み出て、私の心に深く入って来てくださいました。

友人から頂いたお悔やみの手紙でも気持ちが伝わり涙しましたが、この記事はそれをさらに上回り、逆さ別れをした親の悲しみの琴線に触れるのを感じました。鷲田氏の考えは心の底まで納得でき、煩悩から解放してくださいました。

特集「被災地と信仰　私の視点」に登場した奥さまを亡くされた批評家の若松英輔氏は、

◀津波に見舞われた石巻市小竹浜の入り江。
安寧を求め、被災地にさまざまな祈りが交差する

奥さまが亡くなられた後も生前より身近に感じ、それはむしろ悲しみを生きている時であるとおっしゃっています。

生きがいを失った私は鷲田氏のおっしゃるように当分喪失感から逃れることはできません。でもその度にかけがえのない対話の相手として生まれ変わってくれていると思うことにします。

私は50歳で亡くなった親友の遺志を継いで、退職後ボランティアを続けてきましたが、その間は得難い経験をしたり、良い出会いをした後に「同行二人」という思いを感じたりしながら過ごしてきました。

今後は悲しいけど息子が助けてくれるかもしれません。息子の残した未使用の日記にこれからをつづり、生きがいだった息子の死を受け入れていきたいと考えています。

◎「会いたい」「生きたい」桜に願う

一関市・僧侶　後藤泰彦さん（55）

「ひともとの　今年の桜　愛別離苦」

臨床宗教師研修で訪れた長岡西病院（新潟県長岡市）ビハーラ棟。仏教者が緩和ケアに関わる日本初の仏教的ホスピスで、死期を間近にした患者が作った句である。

がん患者が「桜が咲くまでは生きたい」と思い願う花、命の境界線が桜である。

「子どもが花に生まれ変わってほしい」

石巻市大川小での桜の植樹で、ある母親が発した言葉である。

古くから日本人に愛されてきた桜は出会いと別れ、生き死に、まさに命を象徴する花でもある。

桜を見ると悲しさを思い出すというが、いつか必ず懐かしく華やかに見えるときが来るだろう。そのときが悲しみを乗り越えた、心の復興を成し遂げたときになるのだと思う。まさに悲嘆に暮れる人を支える「グリーフケア」の花でもある。

◀かさ上げ工事が進む被災地に災害公営住宅の明かりがともる。
被災者の心の復興も同じペースで進んでいるだろうか
＝気仙沼市

◎苦しむ人へ　応援してくれる人へ語る　詩に込めて

仙台市太白区・主婦　杉本レイ子さん（68）

祈りの形、こんなにもさまざまな祈り方がなされていることにあらためて考えさせられた。

以前の私の祈りは、仏前で先に逝ってしまった方に現在の報告と感謝をし、小さな神棚に向かって「今日もみな元気で良い一日を作れますように」と手を合わせていた。

3・11以来、そのほかに祈りの対象や場が増えた。

「民話語り」の活動をしている。そのときに手を合わせ、出身地の陸前高田市の声として語る「話」がある。

震災の年の秋ごろ、高校時代の友人から届いた手紙の中に詩のコピーが入っていた。津波で家族を亡くした女性の胸の内を方言で表した「ばあさんのせなか」だった。

この詩を読んで心が大きく揺さぶられた。「今、どんな応援ができるの

か」と心を痛めていたとき、詩に導かれるように頭に浮かんだ。私には語りという形の中で何かできるのではないかと。

それからは語りの場で民話のほかにこの詩を語りの形で聞いていただくようになった。

震災で犠牲になった方や命は助かったが日々苦しみ続けている人たちへの思い。古里へ各地から多くの応援をくださった人々への感謝。古里をまた元気にしたいと地元で踏ん張っている人たちへのエール。そんな気持ちを合わせて語っている。

多様な災害に備え、それぞれの地域を知り、「もしものとき」のことを食卓を囲むときに時折、話題にすることが大事なのではないかと話している。

そしてあの3・11のとき、直接大きな被害を受けずとも心と体で感じた思いを。

いつかは分からない「もしものとき」に備えるために話していくことが大事かなと思っている。

私の祈りは言葉にはならない。ただ、ただ、今苦しんでいる人の心が少しでもホッとすることができますようにと心の中で思う。

そのホッとする時間への手助けになればと思い、これからも民話語りをしていきたい。

◎冷たいものに浸され沈んだ心 明るさ取り戻す

宮城県大和町・僧侶　遠藤龍地さん（69）

震災後にお骨を預かり、葬儀を行い、供養を途切れさせることなく続けてきた者として忘れられぬ出来事は山ほどある。

その中の一つで、被災地で頑張る40代の保母さんから人生相談を申し込まれたことがあった。津波でご家族が行方不明となったが、保育所で預かる子どもたちのため、自分の心が崩れてしまわないため、張り詰めた糸のような毎日を送っていた。

最近、夕刻になると幾人かの子どもに不安な表情が浮かぶという。保母さん自身も冷たいものに心を浸されるようになり、その時は抗し難くただ沈んでしまうほかなく、「どうしたらいいのでしょうか」と真剣に尋ねてきた。

家族が冷たい海にのみ込まれたという意識から離れられない女性には、水に浸されるイメージに乗って何かが届いていたのだろう。保育所でぼうっとする子どもたちにはただ、思いのありったけを込めたスキンシップで接すればよい。

▶震災をきっかけに誕生した「臨床宗教師」の研修。宗教の枠を超え、被災者らの苦しみを分かち合う思い、姿勢を学ぶ
＝仙台市太白区

御霊《みたま》と通じ合う宗教的感応の世界は魂がふるえるような出来事に満ちている。

ご加持を受けた女性は法話に耳を傾け、合掌しながら伝授された真言を一緒に唱え、暗唱できるようになった。明るい声でお礼を言い、薄暗い玄関からさんさんたる陽光の世界へと踏み出した女性はまるで船出をする人のようだった。

◎最期の言葉に思いはせ

宮城県美里町・主婦　大石富久子さん（65）

企画を尊く読ませていただいております。このような記事がたくさん載る新聞がうれしく、届くのを待ち遠しく思っていました。

第8部の「臨床宗教師はいま」では、このような形で支えてくださる僧侶の方がいることを知り、感動で安心しました。「臨床宗教師」という言葉も初めて知りました。みとられた一人一人が残した言葉はどのような言葉が多かったのか気になりました。死を前にして悟ることが何かしらあるのでしょうか。

そうした言葉があれば元気なうちに知り、日々を大切に生きていきたいと思うのです。

エピローグ

（2015年7月21日掲載）

旅の途中で／輝く生　その先へ

あの日を思うたび、胸がふさがる。

岩手県陸前高田市の佐々木隆道さん（52）は東日本大震災の津波で父、母、妻、妹、めいの5人を失った。今は岩手県外の大学に通う2人の子どもと離れ、市内の仮設住宅に1人で暮らす。

妻の好きだった「DREAMS COME TRUE」の曲を耳にすると脳裏に笑顔が浮かぶ。

佐々木さんは寺の住職だ。

震災前、大切な人を亡くした遺族に「悲しみは時間とともに薄らぐ」と語っていた。

被災者となり、それが間違いだったと気付いた。

今はこう呼び掛ける。

「悲しみは消えず、うまく付き合うしかない。

泣きたいときは泣けばいい」

震災がもたらした多くの死にどう向き合うか。私たちは答えを探す旅に出た。

死者の魂に触れる思い。苦悩にあえぐ宗教者。亡き家族と「再会」を果たした被災者。庶民信仰や伝統の祭礼に安らぎや救いを求める人たちがいた。

宗教が説く道ですら癒やしにつながるとは限らない。深い苦しみが被災地にあった。

それでも人々は手を合わせ、宗教者は被災者のそばに立つ。さまざまな悼みの形を通し、魂の模索は続く。

雲間から荘厳な光が延びてくる。
死者が私たちを見ている。
生きて。
生きろ。
生きよう。
そんな思いに支えられ、生が輝く。死者とのつながりを築き直し、共に歩む。
祈りの先に。心の原風景を目指して。

あとがき

２０１１年3月11日に発生した東日本大震災は、東北の太平洋沿岸の広い地域を津波で壊滅状態に追い込んだ。被災からそれほど時がたっていないころ、家々が流されがれきに埋もれ尽くした岩手県南の集落では、傾斜地の麓にあった寺院も惨憺たる状態となっていた。いくらか高い場所だったためか流されてこそいないものの、津波が襲い掛かった本堂が痛々しい姿で形をとどめている。

本堂から続く傾斜地の斜面には、津波が到達しなかった各檀家のお墓が残されていた。斜面のお墓だけがそのまま残り、ほかの全てが壊滅したと言ってもいい光景は、何を問い掛けていたのだろう。

集落が丸ごと流されてしまい、辺り一面ががれきだらけで周囲には人けもない。津波でぐしゃぐしゃになった本堂の前に、住職が檀家らに呼び掛けるメッセージを記した紙が貼られていた。「○○に避難しています。連絡は携帯電話にください」と電話番号が書いてあった。地域社会の中で人々の心のよりどころになってきた寺が無残な姿になり、檀家も住職もばらばらになってしまったことが、ありありと伝わってきた。震災が突きつけた重い現実の一断面を感じさせるものだった。

震災による津波で電源を喪失した東京電力福島第1原発では、震災直後の混乱を極める中で原発事故が追い打ちを掛けた。放射能汚染の危機にさらされた原発周辺の住民は逃げることを余儀なくされ、出口が見えない長い避難生活が始まることになる。

原発事故で立ち入りが制限された避難区域では、寺社との関わりや慰霊、供養について、宮城や岩手の被災地とはまた事情を異にする苦悩や困惑を、人々は抱えていた。お寺や先祖が眠るお墓のある場所が避難区域となっているため、お墓参りすらままならない。震災直後の状況下で起きた原発事故で直ちに避難することを求められたから、自宅から仏壇を持ち出せるはずもない。原発事故から半年ほどたった11年の夏の終わり、避難区域から福島の中通り地方に避難した家族の仮住まいの家には、先祖代々の位牌が仏壇代わりのガラスケースのような箱にまとめて収められていた。ある住職は、やはり仮住まいの家のリビングルームの一角で、避難区域となってしまった古里の方を拝んで日々の祈りをささげた。

震災と原発事故があった11年に、こうした祈りに関わる被災地のやるせない光景を目の当たりにしてきたことが、「祈りと震災」を主題とする本書の取材の出発点だったのかもしれない。

本書は河北新報の朝刊で15年1月から7月まで連載した「挽歌の宛先　祈りと震災」を書籍化したものである。連載の取材チームをつくり本格始動したのは14年後半のこと。前述のように出発点が震災から間もない時期からの数カ月間にあったとすれば、そこから3年ほどの時間がたっていたことになる。多くのかけがえのない命を奪ったこの震災を、祈りからの視点で正面から向き合って取材を深めることはおのずから時間を要するものであり、一定の時が過ぎてようやく道が開ける時期が訪れたということだろうか。

一連の取材を通して感じたことは、大切な人を失った悲しみは時がたてば癒えるというものではないということ。そして、人は死んだらそれで終わりではなく、魂はその後も家族をはじめとした身近な人たちのそばにどうやらいるらしいということ。残された人は亡き人の存在を感じながら、悲しみと共に亡き人と生きていく。科学的に証明できることではないかもしれないが、取材で出会った何人もの人がそうしたことを語った。

祈りや信仰心からのアプローチで震災と向き合ったこの連載は、宗教的側面からの取材を深めていくことももちろん欠かせなかった。宗教的立場から未曾有の大災害とどう向き合い、どう寄り添っていくべきか。答えは「心のケア」といったともすれば一般化してしまっている表現の次元にはなく、もっと奥深いところにあるような気がする。人間の心に宿るそもそもの信仰心の領域にもヒントがありそうだ。

東北には古くから「死と再生」の精神文化が息づくとも言われる。人は自然の一部であり生死は循環するという精神性を宿す。万物は常に移り変わっているという無常観の考え方が問い掛けるものの意味を、この本を刊行するに当たりあらためて思う。

挽歌は死者を悼む歌。東日本大震災の被災地にはさまざまな宛先の挽歌がこだまする。これからも耳を澄ませていくことが、亡き人の魂を鎮め、残された人の思いをそっと受け止めることにもつながるのではないか—。本書の刊行には、そうしたメッセージも込めている。各部の冒頭に掲載年月日を付し、文中の肩書や年齢は当時のままとした。

取材に当たり、お世話になった多くの方々に、心より感謝申し上げます。

連載は報道部・沼田雅佳、村上俊、柏葉竜（現大河原支局）、鈴木拓也（現石巻総局）が取材・執筆に当たり、松田博英（現報道部次長）がデスクを務めました。写真は、写真部の岩野一英、伊深剛が担当しました。

２０１６年６月

河北新報社取締役編集局長　鈴木素雄

河北新報社　「祈りと震災」取材班
　＝沼田雅佳、村上俊、柏葉竜、鈴木拓也、岩野一英、伊深剛

挽歌の宛先　祈りと震災

2016年6月20日　初版発行

著　者　　河北新報社　編集局
発行人　　武内　英晴
発行所　　公人の友社
　　〒112-0002　東京都文京区小石川5-26-8
　　ＴＥＬ０３－３８１１－５７０１
　　ＦＡＸ０３－３８１１－５７９５
　　Ｅメール info@koujinnotomo.com
　　http://koujinnotomo.com/
印刷所　　倉敷印刷株式会社

ISBN978-4-87555-684-8